人民有序政治参与怎么做

万其刚 黄 涛 著

中国出版集团　全国百佳图书
中国民主法制出版社　出版单位

图书在版编目（CIP）数据

人民有序政治参与怎么做/万其刚，黄涛著. —北京：中国民主法制出版社，2024.4
（人民代表大会制度通识）
ISBN 978-7-5162-3559-1

Ⅰ.①人… Ⅱ.①万… ②黄… Ⅲ.①公民—参与管理—研究—中国 Ⅳ.①D621

中国国家版本馆CIP数据核字（2024）第058313号

图书出品人：刘海涛
出 版 统 筹：贾兵伟
图 书 策 划：张　霞
责 任 编 辑：张　霞

书名/人民有序政治参与怎么做
作者/万其刚　黄　涛　著

出版·发行/中国民主法制出版社
地址/北京市丰台区右安门外玉林里7号（100069）
电话/（010）63055259（总编室）　83910658　63056573（人大系统发行）
传真/（010）63055259
http：// www.npcpub.com
E-mail： mzfz@npcpub.com
开本/16开　700毫米×1000毫米
印张/11.5　字数/94千字
版本/2024年6月第1版　2024年6月第1次印刷
印刷/三河市宏图印务有限公司

书号/ISBN 978-7-5162-3559-1
定价/36.00元
出版声明/版权所有，侵权必究。

（如有缺页或倒装，本社负责退换）

序

1954年9月15日至9月28日,第一届全国人民代表大会第一次会议在北京隆重召开,至今已七十年。

人民代表大会制度,坚持中国共产党领导,坚持马克思主义国家学说的基本原则,适应人民民主专政的国体,有效保证国家沿着社会主义道路前进。人民代表大会制度,坚持国家一切权力属于人民,最大限度保障人民当家作主,把党的领导、人民当家作主、依法治国有机统一起来,有效保证国家治理跳出治乱兴衰的历史周期率。人民代表大会制度,正确处理事关国家前途命运的一系列重大政治关系,实现国家统一高效组织各项事业,维护国家统一和民族团结,有效保证国家政治生活既充满活力又安定有序。人民代表大会制度为以中国式现代化全面推进强国建设、民族复兴伟业起到根本保障作用。

2019年，习近平总书记提出了全过程人民民主的中国社会主义民主的重大理念，是社会主义民主政治的重大原创性理论成果。2021年10月，习近平总书记在中央人大工作会议上对全过程人民民主重大理念和实践要求作出系统精辟的阐述。2022年，党的二十大报告指出："人民民主是社会主义的生命，是全面建设社会主义现代化国家的应有之义。全过程人民民主是社会主义民主政治的本质属性，是最广泛、最真实、最管用的民主。"二十大报告把"发展全过程人民民主，保障人民当家作主"作为我们党推进中国特色社会主义民主政治的主题，并作出全面部署、提出明确要求。这对于新时代新征程更好发挥我国社会主义政治制度优势，以中国式现代化全面推进强国建设、民族复兴伟业有十分重要的意义。

　　习近平总书记提出全过程人民民主的重大理念，就是要"积极发展全过程人民民主，健全全面、广泛、有机衔接的人民当家作主制度体系，构建多样、畅通、有序的民主渠道，丰富民主形式，从各层次各领域扩大人民有序政治参与，使各方面制度和国家治理更好体现人民意志、保障人民权益、激发人民创造"。而在发展全过程人民民主的进程中，人民代表大会制度是"实现我国全过程人民民主的重要制度载体"。人民代表大会制度为全过程人民民主的实施提供法律制度保障和参与实践的平台。发展全过程人民民主，从各层次各领域扩大人民有序政治参与，就需要向人民群众深入介绍人大制度和人大工作，引导他们通过人民代表大会制度依法有序政治参与。

人民代表大会制度作为国家的根本政治制度，越来越深入人心。但是，目前人们对人民代表大会制度的了解还不够全面，有些认识也比较模糊，人民代表大会制度知识需要进一步普及。同时，人民代表大会制度在实践中不断完善和发展，特别是党的十八大以来，人民代表大会制度的理论和实践创新取得重大进展。这也迫切需要作进一步阐释，让人民群众更加坚定对人民代表大会制度的自信。

目前已出版的人大制度相关图书不在少数，但大多是专家学者的理论专著，或是主要面向人大代表、人大干部的工作用书，面向人民群众的人大制度通俗读物较少。

为了向人民代表大会制度正式建立70周年献礼，并以此为契机，向人民群众进一步宣传普及人民代表大会制度知识，推进全过程人民民主，引导人民群众依法有序参与各级人大及其常委会的工作，中国民主法制出版社组织策划了"人民代表大会制度通识"丛书。丛书包括《人民代表大会制度为什么行》《人民代表大会怎么开》《人大代表怎么当》《法律法规怎样立》《人大监督工作怎么干》《人民有序政治参与怎么做》等六本，简明扼要地介绍了人大制度和人大工作的基本知识。丛书作者都是长期从事人大工作的专家型领导干部，曾担任或正担任全国人大机关的重要领导职务，有着深厚的人大制度理论功底和丰富的人大工作实践经验。参加丛书架构搭建、内容审定、分册写作的有第十、十一、十二届全国人大常委会委员、副秘书长、全国人大法律委员会副主任委员、中国人大制度理论研究会副理事长兼秘书长李连宁，第十四届全国人大常委会委员、副秘书长何新，全国人大常委会代表工委副主任傅文杰，全国人大图书馆馆长万其刚，全国人大常委会法工委立法规划室原主任吴高盛,全国人大常委会办公厅秘书局一级巡视员张锦铖,全国人大常委会办公厅秘书局副局长叶剑锐,全国人大华侨委法案室副主任苏东,全国人大常委会代表工委学习培训局副局长贾楠,全国人大常委会办公厅研究室三局副处长黄涛等同志。

希望读者能通过阅读这套丛书,进一步加深对人民代表大会制度的认识。

目 录

如何理解"公民"的含义，它与人民、公众
　有什么区别？ / 001

如何理解"国家的一切权力属于人民"、人民是
　国家和社会的主人？ / 010

我国公民享有哪些基本权利和自由？承担
　哪些基本义务？ / 019

我国宪法规定公民的政治权利和自由有哪些？ / 029

如何理解公民参与权？ / 036

新中国成立后公民参与政治经历了哪些阶段？ / 049

新时代我国公民政治参与取得哪些历史性成就？ / 059

我国公民政治参与的途径和形式有哪些？ / 071

如何理解发展全过程人民民主？ / 079

如何投票直接选举人大代表？ / 088

如何通过人大代表提出意见和建议？ / 097

如何参与基层立法联系点工作？ / 105

如何对法规、规章等规范性文件提出审查建议？ / 114

如何对人大讨论决定重大事项提出意见建议？ / 121

如何参与人大监督工作？ / 128

如何监督人大代表执行职务？ / 136

如何通过政协渠道表达意愿？ / 142

如何通过群团组织、人民团体表达诉求？ / 149

如何通过网络表达诉求？ / 157

如何依法有序进行信访？ / 161

后记 / 168

坚持好 完善好 运行好
人民代表大会制度

如何理解"公民"的含义，它与人民、公众有什么区别？

1. "公民"的含义和历史发展

公民是指具有某一国家国籍，依照该国宪法法律享受权利、承担义务的自然人。实际上，"公民"是与国籍联系在一起的一种法律资格和法律地位，一个没有国籍的人，不能成为任何国家的公民。《中华人民共和国宪法》第三十三条第一款规定："凡具有中华人民共和国国籍的人都是中华人民共和国公民。"具体来说，一个人要取得中国国籍（还包括丧失和恢复中国国籍），都要适用我国国籍法的规定。

"公民"是一个历史的概念，有一个发展演变的过程。那么，它是怎样发展演变来的呢？

"公民"这个概念是什么时候出现的？比较公认的说法是，它最早出现在古希腊的雅典和古罗马的城邦时期。在当时民主政治雏形的基础上，出现了"公民"（也叫"市民"）的称呼。古罗马曾经颁布过"市民法"，也就是"公民法"，用来调整罗马市民之间的关系。在中国近代以前，还没有使用"公民"这一概念，往往使用"民"来指代老百姓，比如，子民、庶民、草民、良民等。

当然，现代意义上的"公民"概念本身是现代社会的产物和现象。尽管这样，"公民"在不同国家、不同时期有不同的含义，所指的范围也不一样。比如，在法国，1945年以前，公民主要是指法国本土的人，享有完全政治权利；而殖民地的人则是"法国臣民"或"法国被统治者"，不享有完全政治权利。在中国，1918年李大钊写过《庶民的胜利》的文章，介绍苏俄革命的胜利，热情讴歌这一"全世界的庶民"的胜利；在当代，凡是依法取得中国国籍的人，不分民族、性别、家庭出身、宗教信仰、教育程度、财产状况、居住期限，都是中华人民共和国公民。

这里，我们对"公民""人民""国民"等几个概念作些说明，以充分了解它们的含义和用法。

2. "人民"的含义和范围

在当代中国，常常使用"人民"这个概念，不过，在不同时期它的含义不尽相同，所指的范围也不一样。1949年6月30日，毛泽东在《论人民民主专政》这篇著名文章中指出："人民是什么？在中国，在现阶段，是工人阶级,农民阶级,城市小资产阶级和民族资产阶级。"① 这是非常经典的一个概括、阐述,被传承下来并不断发展完善。1949年9月,《中国人民政治协商会议共同纲领》(以下简称《共同纲领》)中也广泛使用"人民"概念,比如,其中第四条规定:"中华人民共和国人民依法有选举权和被选举权。"当时,适应中国革命形势发展的需要,"人民"的范围已有所扩大。这正如1949年9月22日周恩来在中国人民政治协商会议第一届全体会议上作的关于共同纲领草案的起草经过和特点的报告中所指出的:"'人民'是指工人阶级、农民阶级、小资产阶级、民族资产阶级,以及从反动阶级觉悟过来的某些爱国民主分子。"从此以后,"人民"所指的范围,总体上的趋势是扩大的。1956年9月,刘少奇在党的八大上作的政治报告中指出:"我们的民主不是属于少数人的,而是属于绝大多数的人,是属于工人、农民和其他一切劳动人民以及一切拥护社会主义和爱国的人民的。"这与1949年的表述相比,范围更大了。

党的十一届三中全会后,邓小平在人民的"社会主义标准"之外增加了"爱国主义标准",丰富了"人民"的内涵。1979年6月15日,邓小平在全国政协五

---

① 《毛泽东选集》第四卷,人民出版社1991年版,第1475页。

届二次会议上讲话时指出："在建国后的三十年中，我国的阶级状况发生了根本的变化。我国工人阶级的地位已经大大加强，我国农民已经是有二十多年历史的集体农民。工农联盟将在社会主义现代化建设的新的基础上更加巩固和发展。我国广大的知识分子，包括从旧社会过来的老知识分子的绝大多数，已经成为工人阶级的一部分，正在努力自觉地为社会主义事业服务。"他还强调，我国的统一战线已经成为工人阶级领导的、以工农联盟为基础的社会主义劳动者和拥护社会主义的爱国者的广泛联盟。从此，"人民"的范围确定下来，特别是1982年宪法序言规定："社会主义的建设事业必须依靠工人、农民和知识分子，团结一切可以团结的力量。"这样，"人民"与"公民"的范围基本一致，不过，在具体含义上、用法上稍有不同。

3. "国民"的含义和用法

中华人民共和国成立初期，为适应当时的形势，曾经在与"公民"相同意义上使用"国民"概念。比如，《共同纲领》中就使用了"国民"的概念，第八条规定："中华人民共和国国民均有保卫祖国、遵守法律、遵守劳动纪律、爱护公共财产、应征公役兵役和缴纳赋税的义务。"这就是说，对"国民"规定的是法律义务和道德义务。周恩来在关于共同纲领草案的起草经过和特点的报告中指出:"有一个定义须要说明,就是'人民'与'国民'是有分别的。"并特别指出:"对官僚资产阶级在其财产被没收和地主阶级在其土地被分配以后,消极的是要严厉镇压他们中间的反动活动,积极的是更多地要强迫他们劳动,使他们改造成为新人。在改变以前,他们不属于人民范围,但仍然是中国的一个国民,暂时不给他们享受人民的权利,却需要使他们遵守国民的义务。"

4. 我国"公民"概念的使用

新中国最早使用"公民"概念的,是 1953 年通过的《中华人民共和国全国人民代表大会及地方各级人民代表大会选举法》(以下简称"1953 年选举法")第四条规定:"凡年满十八周岁之中华人民共和国公民,不分民族、性别、职业、社会出身、宗教信仰、教育程度、财产状况和居住期限,均有选举权和被选举权。"也就是说,1953 年选举法正式使用"公民"取代了"国民"。这也是该法中唯一一处使用"公民"一词。同时,为准备全国人大及地方各级人大选举,做好选民登记工作,《全国人口调查登记办法》第三条规定:"凡中华人民共和国国民,均应进行登记。"这就表明,公民在法律上获得了承认，或者说，公民获得了法律地位。随后，1954年宪法第三章规定"公民的基本权利和义务"，使用的是"公民"的概念。这种用法一直延续了下来。

5. "公民"和"人民"两个概念的互换使用

通常情况下，"公民"是一个法律概念，指的是个体，包括一切具有中国国籍的人，享有宪法法律所规定的权利，承担宪法法律所规定的义务。"人民"是一个政治概念，指的是集体（个体的集合）或者整体，国家的一切权力属于人民，人民是国家的主体。公民中除了人民，还包括依法被剥夺政治权利的犯罪分子。只有极少数"公民"不属于"人民"范畴，他们既不享有全部的政治权利，也不能履行某些义务。

不过，"公民"和"人民"这两个概念在平常的使用中，并未作十分严格的区分。比如，我们既说公民参与、扩大公民有序政治参与，也说人民参与、扩大人民有序政治参与等。类似的情况，还有"公众"或者"社会公众"，既包含了公民个人，也指群体或者其他社会组织。因此，我们既说公民参与、扩大公民有序政治参与，也说公众参与、社会公众参与等。但这里所说的公民，是指享有政治权利的公民。总结起来，在我们党和国家的政治词汇和政治话语中，"人民""群众""人民群众"等概念几乎可以互换使用。

6. 我们党的"群众路线"

马克思、恩格斯、列宁等马克思主义经典作家深刻阐述了群众观。马克思、恩格斯指出："历史活动是群众的活动，随着历史活动的深入，必将是群众队伍的扩大。"列宁结合俄国革命和建设的实践指出："社会主义不是少数人，不是一个党所能实施的。只有千百万人学会亲自做这件事的时候，他们才能实施社会主义。"中国共产党人在此基础上进一步确立了群众路线。

以毛泽东同志为主要代表的中国共产党人在长期革命和建设中，总结出了"群众路线"这一法宝，也成为毛泽东思想活的灵魂之一。群众路线，就是一切为了群众，一切依靠群众，从群众中来，到群众中去。他指出："将群众的意见（分散的无系统的意见）集中起来（经过研究，化为集中的系统的意见），又到群众中去作宣传解释，化为群众的意见，使群众坚持下去，见之于行动，并在群众行动中考验这些意见是否正确。然后再从群众中集中起来，再到群众中坚持下去。如此无限循环，一次比一次地更正确、更生动、更丰富。"这是我们党关于群众路线的经典表述与方法论要点阐释。

改革开放后，以邓小平同志为主要代表的中国共产党人进一步阐明了群众路线包含的两方面意义：（1）人民群众必须自己解放自己，党的宗旨是全心全意为人民服务，正确地给人民群众指出斗争的方向，帮助人民群众自己动手争取和创造幸福；（2）党的领导正确与否取决于能否采取"从群众中来，到群众中去"的方法。这进一步提炼了群众路线的要义，强调对人民群众自我管理的信任和支持，并用群众路线的逻辑将党的领导和党的宗旨统合在一起。

以江泽民同志为主要代表的中国共产党人从事业的阶段性特点出发，将群众路线作为厘清干部对改革发展的认知迷思、教育动员干部担当作为的整风着力点。

以胡锦涛同志为主要代表的中国共产党人更多地从强调人民群众是推动科学发展的主体角度，认识和看待群众路线对于保持党性和推动发展的意义。

进入新时代，中国社会主要矛盾发生根本性变化。习近平总书记丰富并发展了新时代"人民"的内涵，把"拥护祖国统一的爱国者"变成"拥护祖国统一和致力于中华民族伟大复兴的爱国者"；深化了新时代党的宗旨，强调"人民对美好生活的向往，就是我们的奋斗目标"，充分满足和努力实现人民在民主、法治、公平、正义、安全、环境等方面的要求，将群众观和国家治理联系贯通，强调各级党政机关和领导干部要学会通过网络走群众路线。习近平总书记提出要坚持以人民为中心的发展思想，反复强调人民是我们党执政的最大底气，要始终把人民放在心中最高位置，始终全心全意为人民服务，始终为人民利益和幸福而努力工作。党的二十大报告指出："江山就是人民，人民就是江山。中国共产党领导人民打江山、守江山，守的是人民的心。"

在我国，作为我们党的生命线和根本工作路线，"群众路线"深刻揭示了我们党的理论、路线、方针的实质，明确了党的基本职责、基本领导方式与工作方法，充分体现了党和人民群众的根本性关系。也就是说，群众路线是我们党治国理政的一种基本方式，对民主治理、公民参与具有积极意义。

如何理解"国家的一切权力属于人民"、人民是国家和社会的主人？

1. 我国是人民民主专政的社会主义国家

我国现行宪法第一条第一款开宗明义规定："中华人民共和国是工人阶级领导的、以工农联盟为基础的人民民主专政的社会主义国家。"这是关于我们国家性质的规定，是我国的国体。对此，1982年11月26日彭真在《关于中华人民共和国宪法修改草案的报告》中指出：这一条是规定我国的国家性质即国体，"人民民主专政是中国共产党领导人民所创造的适合我国情况和革命传统的一种形式"。具体来说，人民民主专政就是对人民内部的民主和对反动派的专政的结合。

人民民主专政的国家性质决定了：在我国，人民，只有人民，才是国家和社会的主人。这是中国人民在中国共产党领导下经过长期探索和不懈斗争所取得的胜利成果。也可以说，中国尽管有5000多年的文明史，中国人获得公民身份（或地位）的历史却应该是从中华人民共和国成立开始算起，这是中国共产党的一项丰功伟绩，彰显了中国共产党的伟大！

2. 旧社会中国人民处于被压迫、被剥削的地位

作为政治参与的主体，公民必须具有独立的人格，没有民主政治权利、没有独立人格的公民，当然就不可能有真正的政治参与。众所周知，近代以前，我国长期处于等级森严的封建社会，社会主要矛盾是封建地主与人民群众的矛盾，人民群众处于被压迫、被剥削的地位。1840年鸦片战争后，中国逐步沦为半殖民地半封建社会，国家蒙辱、人民蒙难、文明蒙尘，中华民族遭受了前所未有的劫难，饱受帝国主义欺凌，面临帝国主义、封建主义、官僚资本主义"三座大山"的压迫，公民政治参与无从谈起。

生活在水深火热中的中国人民，为了拯救民族危亡，进行了可歌可泣的斗争，中国曾经几次试图走上资本主义道路，但最终都以失败而告终。对此，毛泽东在《论人民民主专政》这一著名文章中作了精辟论述。他深刻分析了鸦片战争后中国人学习西方的各种情形，指出："帝国主义的侵略打破了中国人学西方的迷梦。很奇怪，为什么先生老是侵略学生呢？中国人向西方学得很不少，但是行不通，理想总是不能实现。……西方资产阶级的文明，资产阶级的民主主义，资产阶级共和国

的方案，在中国人民的心目中，一齐破了产。"① 历史早已雄辩地证明，在中国走资本主义道路是根本行不通的。

3. 中国共产党带领人民翻身得解放

十月革命一声炮响，给中国送来了马克思列宁主义。1919年，中国爆发了五四运动。中国的先进分子为了救中国，从各种各样的主义中最终选择了马克思列宁主义，选择了社会主义制度。1921年中国共产党成立了，这是开天辟地的大事件！

在中国共产党的领导下，中国人民经过28年浴血奋战，终于在1949年取得新民主主义革命的重大胜利，建立了人民当家作主的中华人民共和国，中国实现了从几千年封建专制政治向人民民主政治的伟大飞跃。1949年8月31日，费孝通用极为生动的笔触，记录下他参加北平各界代表会议的所见所闻所感，他动情地写道："我踏进会场，就看见很多人，穿制服的，穿工装的，穿短衫的，穿旗袍的，穿西服的，穿长袍的，还有一位戴瓜皮帽的——这许多一望而知不同的人物，会在一个会场里一起讨论问题，在我说是生平第一次。这是什么意思呢？我望着会场前挂着大大的'代表'两字，不免

---

① 《毛泽东选集》第四卷，人民出版社1991年版，第1470—1471页。

点起头来。代表性呀!"① 这"代表性"也是广泛性,所代表的是形形色色的人,却能平等地在一起开会。从根本上说,这就是中国人民彻底摆脱了被欺负、被压迫、被奴役的悲惨命运,翻身做了主人。中国人从此站起来了!

4. 建立和巩固人民民主专政的国家政权

新中国成立前,毛泽东提出了"铲地基"和"起房子"这个十分形象的重大论断。1949年1月6日至8日,中共中央政治局召开会议,着重讨论毛泽东起草的党内指示《目前形势和党在一九四九年的任务》,号召全党将革命进行到底,强调"完成全国革命任务,这是铲地基,花了三十年。但是起房子,这个任务要几十年工夫"。② 历史正如毛泽东所预言的一样。

新中国成立后,以毛泽东同志为主要代表的中国共产党人,结合新的实际丰富和发展毛泽东思想,建立和巩固人民民主专政的国家政权,彻底废除国民党的伪法统,创建新中国的社会主义制度,为当代中国一切发展进步奠定了根本政治前提和制度基础。

1949年9月29日,中国人民政治协商会议第一届

---

① 《费孝通文集》第六卷,群言出版社1999年版,第96—97页。
② 《毛泽东文集》第五卷,人民出版社1996年版,第236页。

全体会议审议通过的《共同纲领》，为在中国实行人民民主提供了根本制度保证。它具有临时宪法地位和作用，主要包括：（1）明确中国人民民主统一战线的性质；（2）规定人民对国家的权利与义务；（3）明确新民主主义的政权制度。概括来说，这就是民主集中制的人民代表大会制度。

1954年宪法是我国第一部社会主义性质的宪法，是实现和保证人民民主的根本大法。这是毛泽东亲自领导并主持起草的。他指出：宪法草案结合了原则性和灵活性，而原则基本上就是"民主原则和社会主义原则"。用宪法这样一个根本大法的形式，把这两个原则固定下来。我们的民主，是"人民民主，这就是无产阶级领导的、以工农联盟为基础的人民民主专政。人民民主的原则贯串在我们整个宪法中"。[①]

众所周知，1954年宪法在总结《共同纲领》实施经验的基础上，进一步明确了我国人民民主的政治制度。正如《中共中央关于党的百年奋斗重大成就和历史经验的决议》所指出的："党领导确立人民代表大会制度、中国共产党领导的多党合作和政治协商制度、民族区域自治制度，为人民当家作主提供了制度保证。"这

[①] 《毛泽东文集》第六卷，人民出版社1999年版，第326页。

就实现了向人民民主制度的伟大跨越，表明我国人民因人民革命胜利而取得的各种民主权利，得到宪法法律的有力保障。

坚持党的领导，既是建设"新房子"的根本保证，也是社会主义"新房子"的显著优势。1962年3月20日，毛泽东在一则批语中豪迈地写道："要超过世界最强大的美国，尽多一百多年，也就可以了。因为我们的社会主义制度优胜于资本主义制度，我们的无产阶级政党——共产党的领导优胜于资产阶级政党的领导。资本主义需要三百多年才能发展到现在这样的水平，我们肯定在几十年内，至多在一百多年内，就可以赶上和超过它。"[①] 这段话今天读起来，依然激励我们踔厉奋发、勇毅前行！

5. 人民当家作主得到巩固和发展

现行宪法第二条第一款明确规定："中华人民共和国的一切权力属于人民。"这是我们国家制度的核心内容和根本准则。国家的一切权力属于人民，又叫人民主权、人民当家作主。早在1948年9月8日，毛泽东在中央政治局会议上就指出："我们是人民民主专政，各级政府都要加上'人民'二字，各种政权机关都要加上

[①] 中共中央文献研究室编：《毛泽东年谱（一九四九——一九七六）》第五卷，中央文献出版社2013年版，第92页。

'人民'二字,如法院叫人民法院,军队叫人民解放军,以示和蒋介石政权不同。"① 这一重要论断,不仅在新中国的国家政权建设中得到充分体现和贯彻,而且得到很好的传承和发扬。

1949年10月24日,毛泽东在中南海菊香书屋接见绥远军区负责人时说:"中国已归人民,一草一木都是人民的,任何事情我们都要负责并且管理好,不能像踢皮球那样送给别人去。"② 1960年6月12日,英国元帅蒙哥马利结束访华后在英国《星期日泰晤士报》撰文指出:"毛泽东的基本哲学非常简单——人民起决定作用。"这些都彰显了人民立场、人民情怀!

6. 全过程人民民主是社会主义民主政治的本质属性

进入新时代,习近平总书记多次强调,"人民代表大会制度之所以具有强大生命力和显著优越性,关键在于它深深植根于人民之中。我们国家的名称,我们各级国家机关的名称,都冠以'人民'的称号,这是我们对中国社会主义政权的基本定位。……各级国家机关及其工作人员,无论做何种工作,说到底都是为人民服务。

---

① 《毛泽东文集》第五卷,人民出版社1996年版,第135—136页。
② 中共中央文献研究室编:《毛泽东年谱(一九四九——一九七六)》第一卷,中央文献出版社2013年版,第27—28页。

这一基本定位，什么时候都不能含糊、不能淡化"。①

民主的本意是"人民统治""主权在民"，在中国就是人民民主。习近平总书记在党的二十大报告中指出："人民民主是社会主义的生命，是全面建设社会主义现代化国家的应有之义。全过程人民民主是社会主义民主政治的本质属性，是最广泛、最真实、最管用的民主。"这就深刻阐释了我国社会主义民主的本质。实际上，为了保证和实现人民当家作主，我们党和国家搭建起了国家制度和国家治理的"四梁八柱"。

这包括哪些具体内容呢？2017年10月，习近平总书记在党的十九大报告中首次提出"人民当家作主制度体系"，强调"健全人民当家作主制度体系，发展社会主义民主政治"，并对这一制度体系作了深刻阐述。2019年10月，党的十九届四中全会通过的决定，明确界定了"人民当家作主制度体系"的范围，包括人民代表大会制度、中国共产党领导的多党合作和政治协商制度、最广泛的爱国统一战线、民族区域自治制度、基层群众组织制度。

在中国，正因为人民是国家和社会的主人，人民才

---

① 习近平：《论坚持人民当家作主》，中央文献出版社2021年版，第79页。

能以主人翁的身份和姿态,直接或者间接地参与国家政治生活和社会事务管理,广泛参与中国特色社会主义民主政治建设,实现自己的正当利益诉求和民主权利自由,追求美好幸福的生活。

我国公民享有哪些基本权利和自由？承担哪些基本义务？

毛泽东在《关于正确处理人民内部矛盾的问题》中指出："所谓有公民权，在政治方面，就是说有自由和民主的权利。"

1. 公民有序参与政治的前提

公民有序政治参与，前提就是公民要有宪法所赋予的基本权利和自由。这是一个人具有公民资格的"标配"。如果一个人没有宪法规定的基本权利和自由，那就连起码的公民资格都没有，公民参与权、公民参与政治也就无从谈起。

1982年宪法继承和发展了1954年宪法的基本原则，并把"公民的基本权利和义务"一章置于"国家机构"一章之前，凸显了社会主义民主和人民当家作主的核心价值，并恢复了其中关于公民在法律面前一律平等的规定，特别是明确规定公民依法管理国家事务、参与国家政治生活，公民有权提出批评和建议、向有关国家机关提出申诉、控告或者检举任何国家机关和国家工作人员的违法失职行为。2004年通过的宪法修正案，把"国家尊重和保障人权"这一重大理念写入宪法，我国公民政治参与的根本法治保障不断完善。

2. 我国公民享有广泛权利和自由

2012年12月4日，习近平总书记在首都各界纪念现行宪法公布施行30周年大会上的重要讲话中指出："公民的基本权利和义务是宪法的核心内容，宪法是每个公民享有权利、履行义务的根本保证。"[①] 我国现行宪法关于公民的基本权利和义务的规定，是宪法总纲关于人民民主专政的国家制度和社会主义的社会制度的原则规定的延伸。现行宪法规定的公民的基本权利，主要有以下几个方面。

一是，公民有平等权。现行宪法第三十三条规定，中华人民共和国公民在法律面前一律平等，国家尊重和保障人权，任何公民享有宪法和法律规定的权利，同时必须履行宪法和法律规定的义务。公民在法律面前一律平等，包括公民在立法上、适用法律上、守法上一律平等。同时，任何公民既享有宪法和法律规定的权利，又必须履行宪法和法律规定的义务。这就是公民既平等地

---

① 习近平：《论坚持人民当家作主》，中央文献出版社2021年版，第7页。

享有权利，又平等地履行义务。

二是，公民有政治权利和自由。这就是公民参加管理国家的政治权利和自由，包括选举权和被选举权，言论、出版、集会、结社、游行、示威的自由等。（1）选举权和被选举权，是人民行使国家权力的重要标志。依照宪法和法律规定，凡年满十八周岁的公民，不分民族、种族、性别、职业、家庭出身、宗教信仰、教育程度、财产状况、居住期限，都有选举权和被选举权；但是依照法律被剥夺政治权利的人除外。选举法对公民行使选举权和被选举权作了更为详细、更具操作性的规定，还明确规定选举经费由国库开支，对破坏选举的行为给予法律制裁。这就是说，我国既从宪法法律上又从物质上，有效保障公民行使选举权和被选举权，有效保障公民选举权和被选举权的真实性，有效保障公民参加国家管理。（2）公民的政治自由，包括言论、出版、集会、结社、游行、示威的自由，是公民自由发表意见，进行正当的政治活动和社会活动，参加管理国家的自由、权利。这些都是我国社会主义民主政治的重要内容和必要基础，也是公民有序参与政治的重要形式。

三是，公民有宗教信仰自由。任何国家机关、社会团体和个人不得强制公民信仰宗教或者不信仰宗教，不得歧视信仰宗教的公民和不信仰宗教的公民。国家保护正常的宗教活动,任何人不得利用宗教进行破坏社会秩序、损害公民身体健康、妨碍国家教育制度的活动。

四是,公民有人身自由。公民的人身自由不受侵犯,住宅不受侵犯,通信自由和通信秘密受法律保护等。这是公民最基本的一项权利、自由,其中的道理非常简单,若一个公民失去人身自由,那么,其他任何权利、自由都将落空。

五是,人格尊严不受侵犯。禁止用任何方法对公民进行侮辱、诽谤和诬告陷害。

六是,公民有批评、建议、申诉、控告、检举权和取得赔偿权。现行宪法规定,公民对于任何国家机关和国家工作人员,有提出批评和建议的权利;对于任何国家机关和国家工作人员的违法失职行为,有向有关国家机关提出申诉、控告或者检举的权利,但是不得捏造或歪曲事实进行诬告陷害。对于公民的申诉、控告或者检举,有关国家机关必须查清事实,负责处理;任何人不得压制和打击报复。特别是,宪法还明确规定,由于国家机关和国家工作人员侵犯公民权利而受到损失的人,有依照法律规定取得赔偿的权利。1994年颁布了国家赔偿法,后又作了两次修改完善,有力保障了公民、法人和其他组织享有依法取得国家赔偿的权利,促进了国家机关依法行使职权。一句话,公民依法享有批评、建议、申诉、控告、检举权和取得赔偿权，既有利于有效实现和保障公民的合法权利和利益，也有利于公民参加国家管理、监督国家机关和国家工作人员。

七是，公民有私有财产权。现行宪法总纲中明确了公民的这一重要权利。其中，第十三条规定，公民的合法的私有财产不受侵犯。国家依照法律规定保护公民的私有财产权和继承权。第十一条规定，国家保护个体经济、私营经济等非公有制经济的合法权利和利益。

八是，公民有社会经济权利。现行宪法对公民享有的社会经济权利作了具体规定。这些权利包括：公民的劳动权、休息权，以及退休人员生活保障权和物质帮助权。这是公民参与国家政治生活的物质保障。

九是，公民有教育、科学、文化权利和自由。包括受教育权利，进行科研、文艺创作和其他文化活动的自由。现行宪法明确规定国家培养青年、少年、儿童在品德、智力、体质等方面全面发展。

十是，特殊群体有特殊权利。妇女、婚姻、家庭、母亲、儿童和老人受国家保护。妇女保护权，包括妇女在政治的、经济的、文化的、社会的和家庭的生活等方面享有同男子平等的权利。婚姻、家庭、母亲和儿童受国家保护。父母有抚养教育未成年子女的义务，成年子女有赡养扶助父母的义务。华侨的正当的权利和利益受国家保护，归侨和侨眷的合法的权利和利益受国家保护。

3. 我国公民应履行的基本义务

我国现行宪法对公民的基本义务的规定，主要包括以下几个方面。

一是，维护国家统一和全国各民族团结，这是我国公民必须履行的基本义务之一。

二是，遵守宪法和法律，保守国家秘密，爱护公共财产，遵守劳动纪律，遵守公共秩序，尊重社会公德。

三是，维护祖国的安全、荣誉和利益，不得有危害祖国的安全、荣誉和利益的行为。保卫祖国、抵抗侵略是每一个公民的神圣职责。

四是，依法纳税。

五是，不得损害国家的、社会的、集体的利益和其他公民的合法的自由和权利。我国是社会主义国家，从根本上说，国家的、社会的利益同公民个人利益是一致的。宪法明确规定，公民在行使自由和权利的时候，不得损害国家的、社会的、集体的利益和其他公民的合法的自由和权利。

4. 我国公民的权利和义务具有现实性、真实性和统一性

一是，上面所介绍的主要是现行宪法的规定，但

是，其中的许多内容早在新中国成立之初就已有明确规定，并在现实中得到落实。正如刘少奇在《关于中华人民共和国宪法草案的报告》中指出："我们的国家能够鼓舞广大的人民群众积极地参加国家和社会的公共生活，并且使人民群众从集体主义的观点出发，在公共生活中自觉地遵守他们对社会、对国家应尽的各项义务。"[①] 作为中国的公民，从选举权和被选举权，到言论、出版等政治自由，我们都有权行使。但是，我们不能违法行使这些权利和自由，如果严重的话，就有可能受到法律制裁，依法被剥夺、丧失这些权利和自由，所以，我们应该倍加珍惜我们的权利和自由。与此同时，在宪法对公民政治参与权利给予确定的基础之上，我国公民政治参与的相关法律保障不断健全，并在实践中有效实施。

二是，人民实际享有广泛的权利和自由。尊重和保障人权是中国共产党人的不懈追求。100多年来，我们党团结带领人民为争取人权、尊重人权、保障人权、发展人权而不懈努力。新中国成立以来，党始终坚持人民主体地位，从实际出发，建立起人民当家作主制度体

[①] 全国人大常委会办公厅、中共中央文献研究室编：《人民代表大会制度重要文献选编》（一），中国民主法制出版社、中央文献出版社2015年版，第218页。

系。坚持把保障人民生存权、发展权作为首要的基本人权，坚持在发展中保障和改善民生，以发展促人权，努力推动人权事业全面发展，促进人的全面发展。中华民族站起来、富起来、强起来的过程，就是中国人民的生存权、发展权和其他各项基本权利保障不断向前推进的过程。实践中，我们党和国家积极发展全过程人民民主，健全全面、广泛、有机衔接的人民当家作主制度体系，构建多样、畅通、有序的民主渠道，丰富民主形式，把选举民主与协商民主结合起来，把民主选举、民主协商、民主决策、民主管理、民主监督贯通起来，保障人民的知情权、参与权、表达权、监督权。

延伸阅读——

新时代我国人权事业取得历史性成就

2022年2月25日，习近平总书记在十九届中央政治局第三十七次集体学习时的重要讲话中，深刻总结新时代我国人权理论和实践发展的成就。他指出：

党的十八大以来，我们坚持把尊重和保障人权作为治国理政的一项重要工作，推动我国人权事业取得历史性成就。我们实现了第一个百年奋斗目标，全面建成小康社会，历史性地解决了绝对贫困问题，为我国人权事业发展打下了更为坚实的物质基础。我们不断发展全过程人民民主，推进人权法治保障，坚决维护社会公平正义，人民享有更加广泛、更加充分、更加全面的民主权利。我们推动实现更加充分、更高质量的就业，建成了世界上规模最大的教育体系、社会保障体系、医疗卫生体系，大力改善人民生活环境质量。我们坚持人民至上、生命至上，有力应对新冠肺炎疫情，最大限度保护了人民生命安全和身体健康。我们全面贯彻党的民族政策和宗教政策，坚持各民族一律平等，尊重群众宗教信仰，保障各族群众合法权益。我们深入推进司法体制改革，加强平安中国、法治中国建设，深入开展政法队伍教育整顿，全面开展扫黑除恶专项斗争，严厉打击各类违法犯罪，保持社会长期稳定，切实保护人民群众生命财产安全。我国是世界上唯一持续制定和实施四期国家人权行动计划的主要大国。我们积极参与全球人权治理，为世界人权事业发展作出了中国贡献、提供了中国方案。①

三是，坚定不移走中国人权发展道路，推动人权事业全面发展。我们坚持把人权普遍性同自身实际结合起

---

① 习近平：《坚定不移走中国人权发展道路　更好推动我国人权事业发展》，《求是》2022年第12期，第5—6页。

来，走出了一条符合时代潮流、具有中国特色的人权发展道路，为中国人权进步和国际人权事业作出重大贡献。2012年12月4日，习近平总书记在首都各界纪念现行宪法公布施行30周年大会上的重要讲话中就已明确指出："我们要依法保障全体公民享有广泛的权利，保障公民的人身权、财产权、基本政治权利等各项权利不受侵犯，保证公民的经济、文化、社会等方面权利得到落实，努力维护最广大人民根本利益，保障人民群众对美好生活的向往和追求。"[①] 党的二十大报告强调，坚持走中国人权发展道路，积极参与全球人权治理，推动人权事业全面发展。这是全面建设社会主义现代化国家的应有之义，必将把人权事业和人权发展水平提升到一个新的更高的水平。

[①] 习近平：《论坚持人民当家作主》，中央文献出版社2021年版，第8页。

我国宪法规定公民的政治权利和自由有哪些？

我们党始终高举人民民主的旗帜，领导人民进行不懈探索和奋斗，制定并实施宪法法律，将民主价值和理念转化为科学有效的制度安排和具体现实的民主实践，不断发展社会主义民主，确保人民享有广泛而真实的民主权利。

公民的政治权利和自由是宪法和法律规定公民有参加国家管理、参政议政的民主权利，以及在政治上享有表达个人见解和意愿的自由。具体来说，这包括公民的选举权和被选举权，公民的言论、出版、集会、结社、示威和游行的自由等。

1. 选举权和被选举权

我国宪法规定，除被依法剥夺政治权利的人外，年满十八周岁的中国公民，不分民族、种族、性别、职业、家庭出身、宗教信仰、教育程度、财产状况、居住期限，都有选举权和被选举权。选举法重申了这一规定。

选举权和被选举权是指公民依法享有选举与被选举为国家权力机关的组成人员（人大代表）或者某些国家

机关领导人员的权利。以选举人大代表为例，这包含三个方面：（1）公民有权按照自己的意愿投票选举人大代表；（2）公民有被选举为人大代表的权利；（3）公民对被选举的代表享有监督和罢免的权利。

2. 言论自由

言论自由是指公民依法享有通过口头、书面、著作及电影、戏剧、音乐、广播电视等手段发表自己意见和观点的自由和权利，有广义和狭义之分。狭义的言论自由是公民在公共场所发表意见或者讨论问题的权利；广义的言论自由则既包括在公共场所发表意见和讨论问题的权利，还包括出版自由、学术自由和新闻自由等权利。

言论自由作为近现代宪法上一项重要的公民权利，是资产阶级革命的产物。1776年美国弗吉尼亚州宪法最早规定了保障人民的言论自由，1789年法国的《人权宣言》宣布自由传达思想和意见是人类最宝贵的权利之一，因此，各个公民都有言论、著述和出版的自由。在社会主义国家，宪法也同样重视言论自由，新中国成立以来的宪法都明确赋予公民言论自由。

言论自由作为公民的法律权利，也要受到种种限制。我国宪法第五十一条明确规定："中华人民共和国公民在行使自由和权利的时候，不得损害国家的、社会的、集体的利益和其他公民的合法的自由和权利。"具体表现为：（1）不得用言论煽动分裂国家、破坏国家统一，不得以造谣、诽谤或者其他方式煽动颠覆国家政权、推翻社会主义制度；（2）不得展示侮辱性标语、条幅等物品，不得散布谣言，扰乱公共秩序；（3）不得公然侮辱他人或者捏造事实诽谤他人；（4）不得捏造事实诬告陷害他人等。

3. 出版自由

出版自由是言论自由的扩展，是广义的言论自由，是公民有权在宪法和法律规定的范围内，通过出版物表达自己的意见和思想的权利。新中国成立以来，我国的宪法都专门规定公民出版自由的权利。

出版自由并非毫无限制，限制方式主要有：（1）追惩制，即不受任何的事先审查，只在出版后构成违法才追究责任，英美等国家实行追惩制；（2）登记制和审批制，即在出版前要接受审查，经批准并登记后才能出版，我国实行这一制度。值得指出的是，从禁止出版的范围看，有伤风化的出版物为各国所普遍禁止。

2001年12月，国务院制定《出版管理条例》；2020年11月，国务院对该条例作了修改。根据宪法，制定该条例的目的，就是加强对出版活动的管理，发展和繁荣有中国特色社会主义出版产业和出版事业,保障公民依法行使出版自由的权利,促进社会主义精神文明和物质文明建设。

需要注意的是,"言论自由""出版自由"进一步的发展,产生"知情权"这一概念和新的权利。下文对此予以说明。

4. 集会、游行、示威自由

集会、游行、示威是公民的基本政治权利,新中国成立以来的宪法都明确规定了公民有集会、游行、示威的自由。各国宪法大多赋予公民以集会、游行、示威的自由;1966年联合国大会通过的《经济、社会及文化权利国际公约》规定:"和平集会的权利应被承认,对此项权利的行使不得加以限制,除去按照法律以及在民主社会中为维护国家安全或者公共安全、公共秩序,保护公共卫生或者道德或者他人的权利和自由的需要而加以限制。"

1989年10月,七届全国人大常委会第十次会议通过《中华人民共和国集会游行示威法》;2009年8月,十一届全国人大常委会第十次会议对该法作了修改。根据宪法,制定该法,目的是保障公民依法行使集会、游行、示威的权利,维护社会安定和公共秩序。该法对我国公民的集会、游行、示威自由作了全面规定：（1）集会是指聚集于露天公共场所，发表意见、表达意愿的活动；（2）游行是指在公共道路、露天公共场所列队行进、表达共同意愿的活动；（3）示威是指在露天公共场所或者公共道路上以集会、游行、静坐等方式，表达要求、抗议或者支持、声援等共同意思的活动。

集会、游行、示威具有如下特点：（1）由公民自发举行，而非由国家机关组织进行；（2）在露天公共场所公开举行，而非在室内秘密进行；（3）目的是表达某种意愿，而非文娱和体育活动、正常的宗教活动、传统的民间习俗活动等。

由于集会、游行、示威是一种较为激烈地表达意愿的方式，在客观上往往会给社会造成一定的消极影响，因而，世界各国法律对集会、游行、示威自由权利的行使都给予一定的限制，主要有三种方式：（1）申报制，即仅须在集会、游行、示威前向有关机关报告，无须经过相关机关批准的制度；（2）批准制，即集会、游行、示威须取得有关机关许可方能举行的制度；（3）追惩制，即在集会、游行、示威前不受任何机关的干涉，也无须向任何机关报告，只有在集会、游行、示威中有违法行为时才依法予以惩罚的制度。上述各种限制方式中，批准制限制最为严格；追惩制限制最为宽松；申报制限制处于两者之间——它既不会不当限制公民集会、游行、示威权利的行使，同时又使相应的维护公共秩序的国家机关可以有所防范，能平衡秩序和自由的矛盾，因此，这是一种较合理的限制方式。

根据集会游行示威法规定，我国公民在行使集会、游行、示威权利的时候，必须遵守宪法和法律，具体来说：（1）不得反对宪法所确定的基本原则；（2）不得损害国家的、社会的、集体的利益和其他公民的合法的自由和权利；（3）不得煽动民族分裂；（4）应当和平地进行，不得携带武器、管制刀具和爆炸物，不得使用暴力或者煽动使用暴力；（5）集会、游行、示威的时间、地点、路线等都要按事先批准的内容进行。也就是说，我国采取的限制方式是批准制。

5. 结社自由

结社自由是指公民为了一定的宗旨而依照法律规定的手续组织某种社会团体的自由。结社可分为以营利为目的的结社和不以营利为目的的结社，不以营利为目的的结社又可分为政治性结社和非政治性结社。以营利为目的的结社如组建公司，政治性结社如组织政党，非政治性结社如组建慈善机构。

1998年10月，国务院制定《社会团体登记管理条例》；2016年2月，国务院对该管理条例作了修改。制定该条例，目的就是保障公民的结社自由，维护社会团体的合法权益，加强对社会团体的登记管理，促进社会主义物质文明、精神文明建设。条例规定，国家保护社会团体依照法律、法规及其章程开展活动，任何组织和个人不得非法干涉。

党的十八大以来，我们坚持把尊重和保障人权作为治国理政的一项重要工作，推动我国人权事业取得历史性成就，特别是不断发展全过程人民民主，推进人权法治保障，坚决维护社会公平正义，人民享有更加广泛、更加充分、更加全面的民主权利。

如何理解公民参与权？

参与权，通常是和另外"三权"连起来说的，即"知情权""表达权""监督权"。2006年党的十六届六中全会通过的《中共中央关于构建社会主义和谐社会若干重大问题的决定》首次提出："依法保障公民的知情权、参与权、表达权、监督权。"2021年10月，习近平总书记在中央人大工作会议上的重要讲话中指出，要"保证人民的知情权、参与权、表达权、监督权落实到人大工作各方面各环节全过程"。这里特别强调了人民的参与权。下面，我们对这"四权"作一些分析，并着重介绍"知情权"和"参与权"。

1. 知情权

一是，知情权的产生和含义。在现代社会，强调信息公开，增加透明度。"公开为原则，不公开为例外"的理念日益深入人心，并在公开信息与保护秘密（包括国家秘密、商业秘密、个人信息等）之间取得一种新的平衡。实现这种转变的原因，主要有以下几点：（1）人民主权或者主权在民是信息公开在政治上或宪法上的依据。自近代以来，人民主权不仅在理论上得到充分阐发，而且在各国（或地区）的宪法或法律中陆续得到确认。我国现行宪法第二条第一款规定："中华人民共和国的一切权力属于人民。"公共机构和公共事业的观念已经牢固地树立起来。（2）知情权是信息公开的直接依据。第二次世界大战前，各国宪法或法律均未明确将知情权规定为一项基本权利，而通行的用法是言论自由、表达自由。这有一个发展过程，即从国内到世界各国普遍认可的言论自由和表达自由，它的范围也不断拓宽，从中逐步引申出信息自由权，并成为一项基本人权。"二战"后，知情权逐步得到国际性文件以及各国宪法和法律的认可。1946年联合国大会通过的第59号决议宣布："信息自由原为基本人权之一，且属联合国所致力维护之一切自由之关键。"1948年的《世界人权宣言》明确规定，人人有权享有通过任何媒介寻求、接受、传递消息和思想的自由。这里的"消息自由"也可译为"信息自由"，类似于知情权。这是国际人权法中最早的关于知情权的规定。我国现行宪法没有明确规定知情权的概念，但是知情权的思想内含于许多条款之中，其中第二条第三款规定："人民依照法律规定，通过各种途径和形式，管理国家事务，管理经济和文化事业，管理社会事务。"人民群众对党政机关行使权力的内容、程序和实际过程均享有知情权、参与权、表达权和监督权，而知情权是参与权、表达权和监督权的基础。（3）信息化与信息社会是信息公开的社会基础。19世纪末20世纪初，政府职能从维护公共秩序和安全拓展到社会生活各个方面，政府所掌握的信息也越来越多，并且这些信息已经日益深刻影响公民、法人和社会生活。由于政府是最大的信息生产者、所有者和控制者，特别是随着互联网的迅猛发展，信息社会出现了，我国也提出并实施信息化战略，因此，信息公开及其制度建设已成为当务之急。（4）经济全球化是信息公开的国际环境。在当代，资本、技术、商品、信息、服务等生产要素跨国自由流动的规模不断扩大，通过国际分工在世界市场范围内进行资源配置的趋势日益明显。世贸组织对各国政府透明度的要求是其最基本目标之一。世贸组织几乎所有的法律文件都规定和贯彻了政府透明度原则。

二是，信息公开具有积极作用。这主要有：（1）实现经济社会健康发展。实行信息公开，公众有权通过一定的渠道和程序获得有关的公共信息，有助于避免信息不充分、信息不对称、信息不准确等信息失灵现象，防止各种欺诈现象的发生，从而有利于规范交易活动，规范社会主义市场经济秩序；同时，可以减少和避免信息资源的闲置与浪费，降低社会运行的成本，充分发挥公共信息资源的作用，实现最大限度的信息资源共享，满足社会各界对信息资源的需求，促进各种资源的合理配置和有效利用。（2）更好地实现人民当家作主。在我国，人民是国家和社会的主人。实行信息公开，有利于公众知情知政，客观评价和监督党政机关的活动；实现公民有序的政治参与，真正行使民主管理的权利；依法维护公民自身的权利和利益。（3）维护社会稳定。实行信息公开，有利于真正改变"官本位"的思想和作风，推动党政机关及其工作人员改进工作作风和工作方法，密切党群关系、干群关系，增强群众的信任感，改善社会的心理预期，妥善处理各种社会矛盾和冲突，促进社会和谐稳定发展。

　　三是，加强信息公开与制度建设。改革开放后，为适应村务公开的需要，党中央的文件和村民委员会组织法①提出，实行村务公开制度。同时大力倡导行政公开，引入了公开招考、公开招标、厂务公开、政务公开、党务公开、警务公开、检务公开、审判公开等，相应地，信息公开的制度化建设有了很大进展。（1）关于实行信息公开。比如，党的十五大报告提出："坚持公平、公

---

① 1987年11月24日，第六届全国人大常委会第二十三次会议审议通过《中华人民共和国村民委员会组织法（试行）》；1998年11月4日，第九届全国人大常委会第五次会议通过《中华人民共和国村民委员会组织法》。

正、公开原则,直接涉及群众切身利益的部门要实行公开办事制度。"党的十六大报告提出,要"健全民主制度,丰富民主形式,扩大公民有序的政治参与"。党的十七大报告进一步提出,要从各个层次、各个领域扩大公民有序政治参与,保障人民的知情权、参与权、表达权、监督权,"增强决策透明度和公众参与度,制定与群众利益密切相关的法律法规和公共政策原则上要公开听取意见"。党中央、国务院还先后就推行政务公开下发了一系列文件。2005年3月,中共中央办公厅、国务院办公厅印发的《关于进一步推行政务公开的意见》提出政府信息公开的概念,"经过不懈努力,使政务公开成为各级政府施政的一项基本制度,政府工作透明度不断提高,政府与群众沟通的渠道更加畅通,人民群众的知情权、参与权和监督权等民主权利得到切实保障"。值得一提的是,1983年外交部设立首任新闻发言人。这是我国新闻发言人制度的肇始。(2)我国有关法律作出规定。比如,档案法(1987年制定,1996年、2016年修正,2020年修订)、保守国家秘密法(1988年制定,2010年、2024年修订)、行政处罚法(1996年制定,2009年、2017年修正,2021年修订)、立法法(2000年制定,2015年、2023年修正)、行政许可法(2003年制定,2019年修正)等近20部法律对信息公开作了规定。

四是，党和国家高度重视政务公开工作。这里，介绍一个标志性事件。2007年1月17日，国务院第165次常务会议通过《中华人民共和国政府信息公开条例》，2008年5月1日起正式施行。这是我国政府信息法制史上的重要里程碑，对于推进我国政府信息公开工作，保障人民群众依法获取政府信息，促进政府职能转变、建设法治政府，发挥了积极作用。随着改革的日益深入和信息化的快速发展，该条例在实施中遇到一些新情况、新问题，主要有两个方面：第一，人民群众参与公共决策、关心维护自身权益的积极性增强，对政府信息公开的广度、深度提出了更高要求，但有的行政机关存在公开内容不够全面准确，公开深度不能满足群众需要的问题。第二，依申请公开制度实施中遇到一些问题，有的申请人向行政机关反复、大量提出信息公开申请，或者要求为其搜集、整理、加工政府信息，占用了大量行政资源，影响政府信息公开工作的正常开展。为此，2019年4月3日，国务院对该条例作了修订。

习近平总书记强调，"要以制度安排把政务公开贯穿政务运行全过程，权力运行到哪里，公开和监督就延伸到哪里"。坚决贯彻落实党中央关于全面推进政务公开的指示精神，积极回应人民群众对于政府信息公开的需求，从我国国情出发，在总结实践经验的基础上，推进政府信息公开制度的完善。

（1）坚持"公开为常态、不公开为例外"的原则，凡是能主动公开的一律主动公开，切实满足人民群众获取政府信息的合理需求。具体来说：①扩大主动公开的范围和深度，明确各级行政机关应当主动公开机关职能、行政许可办理结果、行政处罚决定、公务员招考录用结果等十五类信息。同时，规定设区的市级、县级人民政府及其部门，乡（镇）人民政府还应当根据本地方的具体情况主动公开与基层群众关系密切的市政建设、公共服务、社会救助等方面的政府信息。还明确行政机关应当按照上级行政机关的部署，不断增加主动公开的内容。②明确不公开政府信息的具体情形。包括：依法确定为国家秘密的政府信息，法律、行政法规禁止公开的政府信息，公开后可能危及国家安全、公共安全、经济安全、社会稳定的政府信息，公开会对第三方合法权益造成损害的政府信息。同时，考虑到行政机关内部事务信息不具有外部性，对公众的权利义务不产生直接影响，过程性信息处于讨论、研究或者审查过程中，不具有确定性，行政执法案卷信息与当事人、利害关系人之外的其他主体没有直接利害关系，且通常涉及相关主体的商业秘密和个人隐私，条例规定行政机关内部事务信息、过程性信息及行政执法案卷信息可以不予公开，但法律、法规、规章规定上述信息应当公开的，从其规定。③建立健全政府信息管理动态调整机制、依申请公开向主动公开的转化机制，推动政府信息公开工作深入开展。要求行政机关对不予公开的政府信息进行定期评估审查，对因情势变化可以公开的政府信息应当公开；行政机关可以将多个申请人申请公开的政府信息纳入主动公开的范围，申请人也可以建议行政机关将依申请公开的政府信息纳入主动公开的范围。

（2）平衡各方利益诉求，既要保障社会公众依法获取政府信息的权利，也要保护国家秘密、商业秘密和个人隐私，同时要防止有的申请人不当行使申请权、超出行政机关公开政府信息的能力，影响政府信息公开工作的正常开展。为此，完善了依申请公开程序，要求行政机关建立健全政府信息公开申请登记、审核、办理、答复、归档的工作制度，加强工作规范。对于公民、法人或者其他组织提出的政府信息公开申请，行政机关根据下列情况分别作出答复：①所申请公开信息已经主动公开的，告知申请人获取该政府信息的方式、途径；②所申请公开信息可以公开的，向申请人提供该政府信息，或者告知申请人获取该政府信息的方式、途径和时间；③行政机关依据条例的规定决定不予公开的，告知申请人不予公开并说明理由；④行政机关经检索没有所申请公开信息的，告知申请人该政府信息不存在；⑤所申请公开信息不属于本行政机关负责公开的，告知申请人并说明理由，能够确定负责公开该政府信息的行政机关的，告知申请人该行政机关的名称、联系方式；⑥行政机关已就申请人提出的政府信息公开申请作出答复，申请人重复申请公开相同政府信息的，告知申请人不予重复处理；⑦所申请公开信息属于工商、不动产登记资料等信息，有关法律、行政法规对信息的获取有特别规定的，告知申请人依照有关法律、行政法规的规定办理。

（3）强化便民服务要求，提高政府信息公开实效。①要求各级政府加强政府信息资源的规范化、标准化、信息化管理，加强互联网政府信息公开平台建设，提高政府信息公开工作的质量和效率。②依托政府门户网站，逐步建立具备信息检索、查阅、下载等功能的统一政府信息公开平台。③要求在政务服务场所设置政府信息查阅场所，并配备相应的设施、设备，为公民、法人和其他组织获取政府信息提供便利。

2. 表达权

表达权（又称意见表达权），是指公民依法享有的言论、出版、集会、结社、游行、示威的自由和权利。表达自由（包括媒体自由）是民主社会必不可少的基础，要实现公民的民主权利，首先要实现公民的表达权。概括起来，公民公开表达意愿可以分为以下三类。

一是，社会性表达。这常见于博客、微博、微信等自媒体面向社会的传播，也就是常说的"网络参政"。

二是，响应征集的渠道性表达。这主要是党政机关提出征求、征询、征集群众意见后，公民所作出的响应。由于渠道性表达预先设定了提出意见的方法和路径，无序的风险很低，被经常使用，但回应率还需要提高。

三是，主动参与的公益性表达。这是公民就公共事务、公共事项提出的建议和意见。这通常是公民出于权利意识和责任感而提出来的，代表了相当一部分社会公众的意愿。实践中，如果政府等国家机关应对不及时有效或者应对失当，也会演变成公共事件，产生不利影响。

3. 监督权

监督权，是指公民依法享有的监督国家机关及其工作人员的公务活动的权利。它是国家权力监督体系中的一种最具活力的监督，包括公民直接行使的监督权和公民通过自己选举的国家权力机关代表行使的监督权。作为参政权的一项重要内容，监督权是一种直接的政治监督权。主要包括四项内容，即批评权、建议权、控告权、检举权。

4. 参与权

参与权，是指公民有权依法参与国家政治生活和社会公共生活的管理、决策。公民有序政治参与，目的是直接或者间接地影响同政府活动相关的所有公共政治生活，体现了公民与国家之间的关系，是现代国家的一种特有政治现象。

一是，参与权本身就是民主政治的重要组成部分，就是全体人民能否依法管理国家事务和社会事务，管理经济和文化事业。（1）民主政治发展的关键。公民有效表达自己的诉求，将自己的意愿体现为国家公共政策，就必须有有效的平台和途径参与公共生活，需要有制度载体和保障。（2）监督国家机关的重要前提。公民通过有效地参与国家的管理与决策，同时监督执行权与决策权的正确有效行使。（3）实现社会治理的关键。社会自治是社会的自我管理与自我服务，这需要社会主体的参与精神与参与能力，并得到一定的锻炼与实践的机会。

二是，作为民主评判标准的参与权。一个国家民主不民主，关键在于是不是真正做到了人民当家作主。习近平总书记创造性地提出"四个要看、四个更要看"的标准，其中之一就是："要看人民有没有投票权，更要看人民有没有广泛参与权"。并一针见血地指出："如果人民只有在投票时被唤醒、投票后就进入休眠期，只有竞选时聆听天花乱坠的口号、竞选后就毫无发言权，只有拉票时受宠、选举后就被冷落，这样的民主不是真正的民主。"[①] 的确，在一个国家，公民是否有权通过各种合法途径来影响政府决策，享有参与政治权利的公民在实际政治活动中能否广泛参与并对政府决策具有持续性的重要影响，是衡量这一国家民主政治发展水平的重要标志。

三是，我国公民享有广泛参与权。我国现行宪法第二条第三款规定："人民依照法律规定，通过各种途径和形式，管理国家事务，管理经济和文化事业，管理社会事务。"公民有序政治参与，是指公民（人民或者社会公众）在现行制度下，为维护和实现公民（人民或者社会公众）的合法权益，提高国家治理和社会治理的效能，促进国家与社会的发展等而进行的各种有序政治活动。公民有序政治参与，是有领导、有组织、有秩序、自主、理性和适度的政治参与行为。参与管理国家和社会事务的途径、形式主要包括：选举、投票、协商、座

[①] 习近平：《在中央人大工作会议上的讲话》，《求是》2022年第5期。

> 人民有序政治参与怎么做

谈会、论证会、听证会、批评、建议，通过平面媒体和网络讨论国家政务等。扩大公民有序政治参与，有利于培养和提高公民的权利意识、公共意识、参政意识，更好发展社会主义民主政治、建设社会主义政治文明，实现和维护政治稳定、社会和谐，全面建设社会主义现代化国家，实现中华民族伟大复兴。

新中国成立后公民参与政治经历了哪些阶段？

中华人民共和国成立后，人民群众翻身做了国家和社会的主人，政治参与热情空前高涨。在不同历史时期，又呈现出不同特点，大体分为三个阶段。先看看前两个阶段的有关发展情况。

1. 社会主义革命和建设时期，开启公民政治参与的新纪元

伴随着新中国的成立和"人民民主制度"的建立，"人民当家作主"成为我国社会主义民主政治的本质和核心表达。挣脱了封建专制枷锁的中国人民，开启了政治参与的新纪元。这一时期，党团结带领人民确立了社会主义基本制度，人民代表大会制度在全国范围内正式建立起来，宪法为人民当家作主提供了根本性法律保障，逐步构建起社会主义民主政治制度。同时，建立并实行中国共产党领导的多党合作和政治协商制度、民族区域自治制度等，这些都成为人民实现当家作主的重要制度内容。

众所周知，1954年宪法作为新中国第一部根本大

人民有序政治参与怎么做

法，为人民当家作主提供了根本法律保障，这本身就是公民积极参与的伟大成果，也为公民进一步政治参与创造了根本制度保障。可以说，这一时期，最具代表性的是1954年宪法的制定。具体情况如下。

一是，毛泽东亲自主持宪法的起草。1953年1月，中央人民政府委员会决定在1953年召开全国人民代表大会，同时成立以毛泽东为主席、朱德等32人为委员的中华人民共和国宪法起草委员会。1953年12月24日，中共中央政治局召开扩大会议，决定毛泽东主席休假一段时间，着手起草中华人民共和国宪法草案。27日晚上，毛泽东率领宪法起草小组的陈伯达、胡乔木、田家英等成员，踏上了南下的列车，离开北京来到杭州。在毛泽东的主持下，三个月的时间里，宪法起草小组先后起草并修改出了四稿。3月上旬，中央政治局扩大会议讨论通过第四稿后，向宪法起草委员会提交宪法草案初稿。宪法起草委员会接受了中共中央的宪法草案初稿，先后召开了七次会议讨论修改，最后形成了宪法草案。在宪法起草过程中，毛泽东对历次宪法草稿都作了多次修改，写了不少批语，并在宪法起草委员会、中央人民政府委员会讨论宪法草案的会议上作了多次讲话和插话。1954年6月11日，毛泽东在宪法起草委员会最后一次会议上指出："宪法的起草，前后差不多七个月。

最初第一个稿子是在去年十一、十二月间，那是陈伯达同志一个人写的。第二次稿，是在西湖两个月。第三稿是在北京，就是中共中央提出的宪法草案初稿，到现在又修改了许多。每一次稿本身都有许多修改。在西湖那一次稿，就有七八次稿子。前后总算起来，恐怕有一二十个稿子了。""总之是反复研究，不厌其详。"①

二是，全民参加大讨论。1954年6月14日，中央人民政府委员会第三十次会议讨论通过《中华人民共和国宪法草案》和关于公布宪法草案的决议，要求广泛开展讨论，发动人民群众提出修改意见。两天后，《人民日报》刊登了宪法草案全文并发表在全国人民中广泛地展开讨论宪法草案的社论。一场全民大讨论以最快的速度在全国范围内展开。在大规模宣传的基础上，讨论持续了两个多月，参加讨论的人数达1.5亿之多，占全国人口的四分之一。广大人民群众热烈拥护这个宪法草案，同时提出了很多修改和补充意见。据统计，前前后后收到来自各个方面的意见共有118万多条。根据全国人民提出的修改意见和建议，宪法起草委员会对草案又作了修改。9月9日，中央人民政府委员会再次讨论通

---

① 中共中央文献研究室编：《毛泽东年谱（一九四九——一九七六）》第二卷，中央文献出版社2013年版，第247—248页。

人民有序政治参与怎么做

过修改后的宪法草案，决定提交一届全国人大一次会议审议。9月15日，一届全国人大一次会议在北京中南海怀仁堂隆重开幕。大会的首要任务是制定并通过共和国的第一部宪法。刘少奇代表宪法起草委员会向大会作了《关于中华人民共和国宪法草案的报告》，指出，宪法草案是中国人民一百多年以来英勇斗争历史经验的总结，并就宪法草案的基本内容及全民讨论情况作了说明。全体代表对宪法草案进行了认真的、充分的讨论。9月20日，大会以无记名投票的方式通过中国人民的根本大法——《中华人民共和国宪法》。

2. 改革开放新时期，公民政治参与法律化制度化规范化发展

党的十一届三中全会后，以邓小平同志为主要代表的中国共产党人，总结社会主义建设正反两方面的经验和教训，实现党和国家工作中心的战略转移，开辟了一条适合中国国情的发展道路，即中国特色社会主义道路，并逐步确立了一整套适合中国特色社会主义民主政治发展的制度体系，极大地促进了公民政治参与。

一是，建立健全公民政治参与的制度体系。1982年宪法规定，"人民行使国家权力的机关是全国人民代表大会和地方各级人民代表大会"，同时，对公民政治参与作了明确肯定；宪法序言还肯定了中国共产党领导的多党合作和政治协商制度将长期存在和发展；有关法律、法规进一步规定了公民政治参与，公民政治参与的制度和法律不断健全。这主要包括以下七个方面。

（1）公民普遍享有选举权和被选举权。全国人大代表，省、自治区、直辖市、设区的市、自治州的人大代表，由下一级人大选举；不设区的市、市辖区、县、自治县、乡、民族乡、镇的人大代表，由选民直接选举。选民可以对公布的选民名单提出异议，可以联名提出代表候选人，依法监督选举投票，对不称职的代表依法罢免等。（2）现行宪法规定"一切国家机关和国家工作人员必须依靠人民的支持，经常保持同人民的密切联系，倾听人民的意见和建议，接受人民的监督，努力为人民服务""公民对于任何国家机关和国家工作人员，有提出批评和建议的权利；对于任何国家机关和国家工作人员的违法失职行为，有向有关国家机关提出申诉、控告或者检举的权利"。信访是公民行使宪法所规定的"提出批评、建议、申诉、控告和检举"这五项权利的重要途径之一。公民、法人或者其他组织有权采用书信、电子邮件、传真、电话、走访等形式，向各级机关、单位反映情况，提出建议、意见或投诉请求，依法由有关机关处理。（3）城市和农村按居民居住地区设立的居民委员会或者村民委员会是基层群众性自治组织。城市居民或村民有权选举居民委员会和村民委员会等基层群众性自治组织，实行自我管理、自我教育、自我服务。1989年、1998年先后颁布的城市居民委员会组织法、村民委员会组织法是保障居民、村民直接参与城市或者社区、乡村公共事务管理，决定社区、乡村重大事项，维护社区居民或者村民公共利益的法律，标志着我国社区和农村步入"全民参与"阶段。（4）1984年制定的民族区域自治法是民族区域自治地区公民参与国家政治生活和社会生活的基础性法律，要求民族自治地方的人大代表中，除实行区域自治的民族的代表外，其他居住在本行政区域内的民族也应当有适当名额的代表。民族自治地方的人大常委会中应当有实行区域自治的民族的公民担任主任或副主任。自治区主席、自治州州长、自治县县长由实行区域自治的民族的公民担任。自治区、自治州、自治县的人民政府的其他组成人员，应当合理配备实行区域自治的民族和其他少数民族的人员。（5）立法法第一百一十条第二款规定，社会团体、企业事业组织以及公民认为行政法规、地方性法规、自治条例和单行条例同宪法或者法律相抵触的，可向全国人大常委会书面提出进行审查的建议。规章制定程序条例规定，公民如认为规章同法律、行政法规相抵触的，可向国务院或省级地方政府书面提出审查的建议。立法法和行政法规制定程序条例等，还将征求意见作为立法的必经程序。国务院印发的《全面推进依法行政实施纲要》和《国务院关于加强法治政府建设的意见》，提出建立公众参与、专家咨询、集体讨论决定、合法性审查和风险评估的行政决策程序。（6）扩大特殊群体的政治参与。比如，1992年通过的妇女权益保障法是保障我国妇女权益的专门法律，开启了我国妇女参与管理国家社会事务的新纪元，为男女平等参与政治生活提供了法律依据。该法第十三条第一款规定："妇女有权通过各种途径和形式，依法参与管理国家事务、管理经济和文化事业、管理社会事务。"（7）其他法律法规对公众参与作出明确规定。比如，行政许可法、清洁生产促进法（2002年）、环境影响评价法（2002年制定，2016年、2018年修正）等，对公众参与作了规定。《国务院关于落实科学发展观加强环境保护的决定》、《环境信息公开办法（试行）》（2008年）、《环境影响评价公众参与暂行办法》（2006年，仅规定了项目环境影响评价的公众参与）、《规划环境影响评价条例》（2009年）等，对公众参与环境影响评价作了规定。

二是，党中央提出"扩大公民有序政治参与"。党的十五届五中全会首次明确提出，"扩大公民有序的政治参与，引导人民群众依法管理自己的事情"。这里强

人民有序政治参与怎么做

调"扩大公民有序的政治参与","扩大"就是顺应公民日益增长的政治参与需要,为民主政治的发展注入不竭动力;"有序"就是维护政治和社会稳定,为扩大公民政治参与、发展民主政治提供必要条件。党的十六大报告强调:"健全民主制度,丰富民主形式,扩大公民有序的政治参与,保证人民依法实行民主选举、民主决策、民主管理和民主监督。"党的十七大报告指出,"坚持国家一切权力属于人民,从各个层次、各个领域扩大公民有序政治参与,最广泛地动员和组织人民依法管理国家事务和社会事务、管理经济和文化事业",并将"扩大社会主义民主,更好保障人民权益和社会公平正义。公民政治参与有序扩大",明确作为实现全面建设小康社会奋斗目标的新要求之一。这说明,我们党进一步重视并扩大公民有序政治参与。

三是,我国社会主义民主制度不断健全,民主形式日益丰富,社会主义民主政治展现出旺盛的生命力。(1) 2008 年的全国"两会"上首次出现了胡小燕、朱雪芹、康厚明等三名农民工的身影,农民工队伍中产生了最高国家权力机关的组成人员。从此,这成为一个制度性安排。其实,这只是我国选举制度不断完善的缩影。1979 年以来,选举法作了七次修正:直接选举人大代表的范围扩大到县级,普遍实行差额选举制度等。特别是城乡人口选举人大代表的比例，从1：8到1：4，再到2010年城乡人口同票同权即1：1，充分体现了人人平等、地区平等和民族平等。从2021年上半年至2022年6月底，全国10.64亿选民直接选举产生262万多名县乡人大代表，比上届增加约15万名，都是一人一票直接选举产生的。改革开放以来，选举法的修正次数是最多的，这本身就是人民民主发展的生动写照。（2）中国共产党领导的多党合作和政治协商制度，融协商、监督、合作、参与于一体，成为我国政治生活中发扬民主的重要形式。（3）尊重少数民族的政治权利，是中国特色民主政治的体现。党的十六大后，我国全面贯彻落实民族区域自治法，切实保证各少数民族依法行使和享有平等的政治、经济、文化和社会权利。全国155个民族自治地方的人大常委会中都有实行区域自治民族的公民担任主任或副主任，自治区主席、自治州州长和自治县县长也都由实行区域自治民族的公民担任。民族自治地方还享有制定自治条例和单行条例的权力等。（4）发展基层民主。我国已建立以村委会、居委会和企业职工代表大会为主要内容的基层民主自治体系。截至2011年底，我国已完成8.9万个居委会和59万个村委会的换届选举工作。91%以上的村建立了村务公开栏，92%以上的村建立了村民理财小组等村务监督机构。（5）高度重视网

| 人民有序政治参与怎么做

络平台这一民众进行政治参与的新途径。倾听民声民意，回应百姓关注关切，已成为各级领导机关的必修课。开门立法、公开听证、民主测评等，凡是与人民群众切身利益相关的公共决策、公共管理、公共事务，都有公民有序政治参与的身影。这些措施，让人民行使民主权利看得见、摸得着。民主形式的日益丰富和扩展，使中国社会民主政治呈现勃勃生机与活力。

新时代我国公民政治参与取得哪些历史性成就？

党的十八大以来，中国特色社会主义进入新时代，公民参与政治进入新发展阶段。我国阶层结构、利益结构和社会结构分化，各社会阶层和利益群体在整体利益一致的情况下，利益的个体化、群体化趋势明显，不同社会群体和利益阶层为了维护自身利益和诉求，政治参与意识不断觉醒，政治参与的主动性不断增强。

中国特色社会主义政治发展道路越走越宽广，人民当家作主的制度保障越来越健全，人民群众的民主参与实践越来越常态化、多样化，人民民主具体地、生动地体现在人民当家作主的全过程各环节，人民依法实行民主选举、民主协商、民主决策、民主管理、民主监督，这五个环节环环相扣、内在统一，形成全过程人民民主的完整链条，人民有序政治参与取得新进展。

1. 党中央对扩大人民有序政治参与作出重大决策部署

以习近平同志为核心的党中央高度重视人民有序政

人民有序政治参与怎么做

治参与，提出一系列重大举措。概括起来，主要有以下几个方面。

一是，党的十八大提出：发展更加广泛、更加充分、更加健全的人民民主；更加注重健全民主制度、丰富民主形式，保证人民依法实行民主选举、民主决策、民主管理、民主监督；更加注重发挥法治在国家治理和社会管理中的重要作用，维护国家法制统一、尊严、权威，保证人民依法享有广泛权利和自由；强调完善基层民主制度，以扩大有序参与、推进信息公开、加强议事协调、强化权力监督为重点，拓宽范围和途径，丰富内容和形式，保障人民享有更多更切实的民主权利；完善中国特色社会主义法律体系，加强重点领域立法，拓展人民有序参与立法途径；等等。

二是，党的十八届三中全会通过的《中共中央关于全面深化改革若干重大问题的决定》指出，建立畅通有序的诉求表达、心理干预、矛盾调处、权益保障机制，使群众问题能反映、矛盾能化解、权益有保障。更加注重健全民主制度、丰富民主形式，从各层次各领域扩大公民有序政治参与，充分发挥我国社会主义政治制度优越性。在党的领导下，以经济社会发展重大问题和涉及群众切身利益的实际问题为内容，在全社会开展广泛协商，坚持协商于决策之前和决策实施之中，这既规定了应当在全社会开展广泛协商的任务，也明确了"坚持协商于决策之前和决策实施之中"的具体要求。

三是，党的十九大报告中把"坚持人民当家作主"列为习近平新时代中国特色社会主义思想的基本方略，强调"健全人民当家作主制度体系，发展社会主义民主政治"，明确提出，健全民主制度，丰富民主形式，拓宽民主渠道，保证人民当家作主落实到国家政治生活和社会生活之中，扩大人民有序政治参与，保证人民依法实行民主选举、民主协商、民主决策、民主管理、民主监督。

四是，党的二十大报告中把发展全过程人民民主确定为中国式现代化本质要求的一项重要内容，对"发展全过程人民民主，保障人民当家作主"作出全面部署、提出明确要求。强调我们要健全人民当家作主制度体系，扩大人民有序政治参与，保证人民依法实行民主选举、民主协商、民主决策、民主管理、民主监督，发挥人民群众积极性、主动性、创造性，巩固和发展生动活泼、安定团结的政治局面。

2. 我国公民政治参与的形式不断完善

我国全过程人民民主不仅有完整的制度程序，而且有完整的参与实践。全体人民依法通过多种途径和形式，实行民主选举、民主协商、民主决策、民主管理、民主监督，将科学有效的制度安排，转化为具体现实的民主实践。

一是，民主选举不断完善。民主选举是人民当家作主的重要体现，是我国社会主义民主的重要表现，也是我国公民政治参与的重要形式。我国实行普遍、平等、直接选举和间接选举相结合以及差额选举、秘密投票的选举原则，依法保障选举权的普遍性，凡年满十八周岁的中国公民，除依照法律被剥夺政治权利的人外，都享有选举权和被选举权；保障人人享有平等的选举权利，实现城乡按相同人口比例选举人大代表；贯彻地区平等、民族平等要求，保证各地区、各民族、各方面都有适当数量的代表，人口最少的少数民族也有自己的代表。人大代表由公民通过选举产生，并代表公民参与国家、社会事务的管理，人大代表起着上情下达的作用，公民可以将自己的建议和意见反映给人大代表，人大代表把公民的政治诉求上传到国家权力机关，最终上升为国家意志。

二是，民主协商不断深化。民主协商是具有鲜明中国特色的民主形式，是公民政治参与的重要形式，已经成为党和国家民主决策、科学决策的重要环节。习近平总书记指出："协商民主是中国社会主义民主政治中独特的、独有的、独到的民主形式。"党的十八届三中全会提出:"要开展形式多样的基层民主协商,推进基层协商制度化,建立健全居民、村民监督机制,促进群众在城乡社区治理、基层公共事务和公益事业中依法自我管理、自我服务、自我教育、自我监督。"协商民主是公民、国家机关、政府以及相关团体在涉及国家大政方针以及公共利益的决策前和执行中,为了协调各方利益、寻求"最大公约数"的平等协商,包括政党协商、人大协商、政府协商、政协协商、基层协商、人民团体协商以及社会组织协商等七种渠道。协商民主可以让各种意见充分表达,各方利益充分协商,有助于把"服从多数"和"尊重少数"统一起来,有利于整合社会关系,减少社会矛盾,避免利益冲突,增强社会共识。

三是,民主决策不断健全。我国公民参与国家政治生活和管理公共事务的制度、机制、体制、渠道、方式、方法、程序不断健全。如:(1)公民意见建议反映制度,公民可以通过市长信箱、市长热线、市长书记留言板、网站等对城市建设、环境保护、食品安全、教育医疗、社会保障等提出自己的意见和建议;(2)社会公示制度,国家机关在涉及公共利益的重大事项决策之前主动向社会公布预案,听取公民对涉及该事项的建议和意见,以便实现科学决策、民主决策;(3)社会听证制度，国家机关在作出涉及公共利益的重大事项决策之前，听取公民代表的建议和意见，以便修改完善决策方案，使政府决策最大限度符合公众意愿。

四是，民主管理不断发展。民主管理是公民参与国家和社会公共事务的制定、决策以及实施，实现自我管理的政治参与形式，体现在行政管理、企业经营、社会治理等多领域各方面。在管理中建立健全制度机制，公开情况，倾听相关方的意见，吸收相关方参与，共同推进工作。比如，村民委员会和居民委员会，按照要求，村委会干部和居委会干部由村民和社区居民通过直接投票选举产生，村委会干部和居委会干部代表村民和社区居民行使权力，并受全体村民和社区居民监督，在涉及村民或居民重大利益和重大公共事项时，由全体村民或者居民共同讨论决定、积极参与。

五是，民主监督不断创新。人民是民主监督的主体，享有广泛的监督权，依照宪法和法律规定，有权对国家机关和国家工作人员提出批评和建议，有权对国家机关和国家工作人员的违法失职行为提出申诉、控告或者检举。民主监督体系不断健全完善。人大监督是民主监督的重要组成部分，是代表国家和人民进行的具有法律效力的监督。人大及其常委会对"一府一委两院"进行监督，目的在于确保法律得到有效实施，确保行政权、监察权、审判权、检察权得到正确行使，确保人民的合法权益得到尊重和维护。民主党派在坚持四项基本原则的基础上，也可通过提出意见、批评、建议等方式进行民主监督。

3. 我国公民政治参与的主体范围不断扩大

改革开放特别是新时代以来，我国公民政治参与的主体范围不断扩大，涵盖了工人、农民、农民工、妇女、专业技术人员等。以2977名十四届全国人大代表的构成情况为例。其中，少数民族代表442名，占代表总数的14.85%，全国55个少数民族都有十四届全国人大代表；归侨代表42名；连任代表797名，占代表总数的26.77%。与十三届相比，妇女代表790名，占代表总数的26.54%，提高了1.64个百分点；一线工人、农民代表497名（其中有56名农民工代表），占代表总数的16.69%，提高了0.99个百分点；专业技术人员代表634名，占代表总数的21.30%，提高了0.73个百分点；党政领导干部代表969名，占代表总数的32.55%，降低了1.38个百分点。总体来看，十四届全国人大代表具有更广泛的代表性。这也表明，随着社会主义民主政治不断发展，人大代表的广泛性、代表性不断增强，我国公民政治参与主体不断扩大。

人民有序政治参与怎么做

4. 不断普及和推广公民网络政治参与

2016年4月，习近平总书记就强调，让互联网成为我们同群众交流沟通的新平台，成为了解群众、贴近群众、为群众排忧解难的新途径，成为发扬人民民主、接受人民监督的新渠道。

一是，我国社会主义经济快速发展为网络时代公民政治参与奠定了物质基础，同时，社会主义民主政治的发展为公民政治参与提供了制度基础和法律保障。

二是，我国网民数量的迅速增长促使网络时代公民政治参与的主体范围不断扩大。2023年8月28日，中国互联网络信息中心发布第52次《中国互联网发展状况统计报告》。报告显示，截至2023年6月，中国网民人数已达10.79亿，较2022年12月增长1109万人，互联网普及率76.4%，形成全球规模最大的网络社会。从人群分布的角度看，以青少年、青年和中年群体为主，网民数量的不断增长意味着我国公民政治参与的主体不断扩大。

三是，互联网技术的迅猛发展为网络时代我国公民政治参与提供了技术支撑。目前，互联网已经进入Web3.0时代并被广泛应用于互联网站和社交平台，实现了用户和用户之间、网站和网站之间、网站和用户之间、传统媒体和互联网媒体之间信息的互联互通，这就从根本上改变了信息的单向传播模式，为我国公民进行广泛的政治参与提供了技术条件，尤其是微博、微信、热搜、抖音等互联网平台的出现，大大拓展了我国公民政治参与的渠道，促进了传统政治参与和网络政治参与的融合发展。公民可以通过网站、微信、微博、政务客户端等互联网平台进行举报或反映意见，互联网已经成为扩大公民政治参与的有效方式。

延伸阅读——

人民群众通过网络积极参与党的二十大相关工作

根据习近平总书记2022年2月重要指示精神，党的二十大相关工作网络征求意见活动于4月15日至5月16日开展，在人民日报社、新华社、中央广播电视总台所属官网、新闻客户端以及"学习强国"学习平台分别开设专栏，听取全社会意见建议。活动得到广大人民群众广泛关注和参与，累计收到网民建言超过854.2万条，为党的二十大相关工作提供了有益参考。

2022年6月，习近平总书记就研究吸收网民对党的二十大相关工作意见建议作出重要指示强调，党的二十大是党和国家政治生活中的一件大事。围绕党的全国代表大会相关工作开展网络征求意见，是全党全社会为国家发展、民族复兴献计献策的一种有效方式，也是全过程人民民主的生动体现。这次活动引起广大干部群众热情关注、积极参与，提出了许多具有建设性的意见和建议，有关方面要认真研究、充分吸收。①

5. 既保障民主选举，又实现广泛参与

习近平总书记指出，如果人民只有在投票时被唤醒、投票后就进入休眠期，只有竞选时聆听天花乱坠的口号、竞选后就毫无发言权，只有拉票时受宠、选举后就被冷落，这样的民主不是真正的民主。人民有没有广泛参与权，体现着民主的质量和成色。在我国，全过程人民民主实现了丰富多样的民主选举，更实现了最广大人民的广泛持续参与，确保人民当家作主权利真正得到落实。

一是，切实维护民主选举权利。全过程人民民主依法保障并不断发展人民的民主选举权利，使人民的民主选举权利更加真实有效。改革开放以来，我国选举制度在实践中不断改革完善，制度化、规范化程度越来越

---

① 《习近平就研究吸收网民对党的二十大相关工作意见建议作出重要指示强调　善于通过互联网等各种渠道问需于民问计于民　更好倾听民声尊重民意顺应民心》，《人民日报》2022年6月27日，第1版。

高，推动人民群众的民主权利不断得到实现。在 5 年一次的全国县乡两级人大换届选举中，全国 10 亿多选民一人一票，直接选举产生 200 多万名县乡两级人大代表，组成地方国家权力机关，代表人民行使国家权力。除了依法选举人大代表，村（居）民委员会等基层群众性自治组织也实行民主选举，由村（居）民选举村（居）民委员会组成人员。广大人民群众热情高涨地参与自己所在基层的选举，创造了形式多样的基层民主选举实践。从这些实践中可以看出，我国的民主选举是广泛的、平等的，真实反映了选民的意愿。

二是，推动不断扩大人民依法有序政治参与。全过程人民民主建设，有效保证人民的期盼、希望和诉求有地方说、说了有人听、听了有反馈。在中国，人民参与民主的意愿不断增强，参与的广度和深度不断拓展。人民既参与国家事务和社会事务管理，又参与经济和文化事业管理；既参与国家发展顶层设计的意见建议征询，又参与地方公共事务治理。大到国家立法、制定国民经济和社会发展规划、编制预算及其执行监督等，小到物业管理、小区建设等，人民群众都能真实地参与进来。人民的民主实践深深融入人们的工作和生产生活，人民当家作主的价值理念扎根中国大地，并成为实实在在的制度形态、治理机制和生活方式，推动民主蔚然成风、社会充满活力。

三是，从制度上保障民主选举和民主参与有机统一。人民参与民主实践越广泛、意愿表达越充分，人民当家作主的实现就越真实。例如，在基层群众自治中，人民不仅积极参与民主选举，而且创造了村（居）民议事会、村（居）民论坛、民主恳谈会、民主听证会等民主参与形式。民主选举和民主参与相结合，贯穿人民当家作主的全过程，使人民更全面地行使自己的民主权利，更有效地实现和维护切身利益，更充分地感受到当家作主的自豪和尊严。

我国公民政治参与的途径和形式有哪些？

在我国，公民依法通过各种途径和形式，参与管理国家事务、管理经济和文化事业、管理社会事务。这里的"各种途径和形式"，包括选举、投票、协商、座谈会、论证会、听证会、批评、建议、通过平面媒体和网络讨论国家政务等。这里，着重介绍以下几种形式。

1. 直接选举县乡两级人大代表

1979年人大代表直选范围扩大到县级。截至2023年，全国范围内已进行了12次乡级、11次县级人大换届选举。每次直选人大代表时，每个选民从选民登记到推荐代表候选人，从正式代表候选人的确定到投票选举等过程都参与其中，充分行使当家作主的民主权利。在中国，这既是规模最大、涉及公民最多的民主实践，也是公民有序政治参与的民主实践。

2. 参与民主决策

党和国家各项决策，通过公开、座谈、论证、咨询等多种方式，广泛征求和充分听取各方面意见，最大限度地反映民情、吸纳民意、汇集民智，保证决策科学化、民主化。比如，在编制国民经济和社会发展五年规划过程中，始终贯彻体现全过程人民民主的要求。在党中央制定关于国民经济和社会发展第十四个五年规划和二〇三五年远景目标的建议过程中，习近平总书记多次深入地方考察调研，主持召开7场座谈会，广泛听取各领域各阶层人士意见建议。全国人大常委会围绕编制"十四五"规划纲要开展专题调研，形成22份专题调研报告。中央有关部门首次通过互联网就"十四五"规划编制向全社会征求意见和建议，收到人民群众建言101.8万条，把人民呼声充分体现到党中央文件中。规划纲要草案提请十三届全国人大四次会议审查后，根据全国人大代表、全国政协委员的意见，作出了55处修改。

3. 参与人大及其常委会的立法工作

人大坚持民主立法、科学立法、依法立法，实行开门立法，在立法工作中，都十分注重人民群众广泛的政治参与。广泛征集立法规划建议项目，有的地方还实行有奖征集；人大已经形成的法律法规草案，通过媒体向社会公布后，公民可以提出修改意见，并按规定的渠道向有关机关反映。这里，看看各方面广泛参与编纂民法典的情况。民法典编纂过程中，立法机关通过召开座谈会、开展立法调研和专项调查、公开草案征求社会公众意见等多种渠道和方式，广泛听取各方面意见建议，积极回应社会关切。其中，全国人大常委会先后10次向社会公开征求意见，共收到42.5万人提出的102万余条意见。在十三届全国人大三次会议期间，又根据各代表团审议意见和有关方面意见，对草案作出100多处修改，其中实质性修改达40余处。事关人民群众切身利益的法律，如个人信息保护法、军人地位和权益保障法、著作权法、未成年人保护法、药品管理法、个人所得税法等的制定和修改，都凝聚着广大人民群众的心血和智慧，每一部法律都装满了民意，每一部法律都显示出全过程人民民主的独特魅力。

为了权衡和协调各方面的利益关系，保障立法公正、合理，人大还召开座谈会、论证会、听证会等形式，听取和征集公民的意见，极大地调动了公民有序参与人大立法等工作的积极性。

4. 申请旁听当地人大常委会会议

为了增强人大工作的公开性和透明度，适应公众参与人大工作的需求，一些地方人大常委会会议允许公民参与旁听。通过公民旁听人大常委会会议这种形式，既吸纳了公民不少好的建议和意见，又让公民了解了人大常委会是如何代表人民行使国家权力的，有效地增强了公民的人大意识。

5. 监督评议人大代表

代表法第六条规定："代表受原选区选民或者原选举单位的监督。"这就为选民监督代表提供了法律保障。各地人大常委会结合工作实际，在选民监督代表工作中，普遍采用代表述职、选民评议、打分测评、面对面提出批评意见、限期改进等方式方法对代表进行评议监督，收到了很好的效果。对履职不到位、有违法违纪行为的人大代表，由一定数量的选民联名，可以依法罢免。选民和群众监督人大代表、参与人大工作，不仅与人大代表产生了良性互动，而且有效地增强了人大代表为民履职的责任感和使命感，切实做到民有所呼、我有所应。

6. 参与人大的监督工作

监督法第七条规定："各级人民代表大会常务委员会行使监督职权的情况，向社会公开。"这是我国首次以法律形式明确规定人大常委会行使监督权的公开原则。"公开""公布"才能让公民知情和参与，公民知情、参与才能进一步保障他们监督权的实现。为了更好地让公民参与人大的监督工作,各地人大都制定了新闻发言人和新闻发布会制度,将年度监督事项的计划向社会公布,收集和听取公民的意见,从而充实、修改、完善年度监督工作计划;在行使监督职权的过程中,其他国家机关接受监督的情况、整改情况等,也向社会公布,促使"一府一委两院"依法行政、依法监察、公正司法,一心为民。公民有序参与人大的监督工作,构成了一个全民参与、全民监督的"大监督"格局,监督效果很好。

7. 对人大的执法检查直接"点题"或提出意见

各级人大常委会每年都要依法选择若干关系改革发展稳定大局和群众切身利益、社会普遍关注的重大问题,有计划地对有关法律法规实施情况组织执法检查。检查什么内容、是否贴近实际、社会是否普遍关注,只有让公民参与进来,或听取他们的意见,或让公众直接"点题",才能使执法检查合民意、顺民心、聚民智、有实效。

8. 参加城市居民委员会的工作

居民委员会是居民自我管理、自我教育、自我服务的基层群众性自治组织。它的任务主要有:宣传宪法、法律、法规和国家的政策,维护居民的合法权益,教育居民履行依法应尽的义务，爱护公共财产，开展多种形式的社会主义精神文明建设活动；办理本居住地区居民的公共事务和公益事业；调解民间纠纷；协助维护社会治安；协助人民政府或者它的派出机关做好与居民利益有关的公共卫生、计划生育、优抚救济、青少年教育等项工作。具体来说，居民参加居民自治工作的主要途径有两个。

一是参加居民委员会。居民委员会由主任、副主任和委员共五至九人组成。他们由本居住地区全体有选举权的居民或者由每户派代表选举产生。根据居民意见，也可以由每个居民小组选举代表二至三人选举产生。居民委员会每届任期五年，其成员可以连选连任。居民委员会可以分设若干居民小组，小组长由居民小组推选。城市居民如果想要参加所居住地的居民委员会，需要是年满十八周岁的本居住地区居民，同时没有被剥夺政治权利，并且通过居民委员会选举。

二是参加居民会议。居民会议由十八周岁以上的居民组成，由居民委员会召集和主持，是公民参与居民自治的重要平台。居民会议可以由全体十八周岁以上的居民或者每户派代表参加，也可以由每个居民小组选举代表二至三人参加。居民会议必须有全体十八周岁以上的居民、户的代表或者居民小组选举的代表的过半数出席，才能举行。居民会议的决定，由出席人的过半数通过。居民委员会向居民会议负责并报告工作，居民会议有权撤换和补选居民委员会成员。

9. 参加村民委员会的工作

村民委员会是村民自我管理、自我教育、自我服务的基层群众性自治组织，实行民主选举、民主决策、民主管理、民主监督。它负责办理本村的公共事务和公益事业，调解民间纠纷，协助维护社会治安，向人民政府反映村民的意见、要求和提出建议。村民委员会向村民会议、村民代表会议负责并报告工作。其设立、撤销、范围调整，由乡、民族乡、镇的人民政府提出，经村民会议讨论同意，报县级人民政府批准。村民委员会可以根据村民居住状况、集体土地所有权关系等分设若干村民小组。

村民委员会由主任、副主任和委员共三至七人组成。村民委员会根据需要设人民调解、治安保卫、公共卫生与计划生育等委员会。村民委员会主任、副主任和委员，由村民直接选举产生。任何组织或者个人不得指定、委派或者撤换村民委员会成员。村民委员会每届任期五年，届满应当及时举行换届选举。村民委员会成员可以连选连任。

年满十八周岁的村民，不分民族、种族、性别、职业、家庭出身、宗教信仰、教育程度、财产状况、居住期限，都有选举权和被选举权；但是，依照法律被剥夺政治权利的人除外。村民在登记参选后，村民选举委员会在选举日的 20 日前公布候选人名单。然后，由村民正式选举。选举村民委员会，有登记参加选举的村民过半数投票，选举有效；候选人获得参加投票的村民过半数的选票，始得当选。选举实行无记名投票、公开计票的方法，选举结果一般当场公布。

十八周岁以上的村民还可以通过参加村民会议或者村民代表会议的形式，参与村民自治。村民会议由本村十八周岁以上的村民组成，由村民委员会召集。村民会议审议村民委员会的年度工作报告，评议村民委员会成员的工作；有权撤销或者变更村民委员会不适当的决定；有权撤销或者变更村民代表会议不适当的决定。村民会议可以授权村民代表会议审议村民委员会的年度工作报告，评议村民委员会成员的工作，撤销或者变更村民委员会不适当的决定。

如何理解发展全过程人民民主？

习近平总书记在党的二十大报告中把发展全过程人民民主确定为中国式现代化本质要求的一项重要内容，指出"全过程人民民主是社会主义民主政治的本质属性"，并对"发展全过程人民民主，保障人民当家作主"作出全面部署。深刻认识和准确把握全过程人民民主重大理念，是全面学习贯彻党的二十大精神的必然要求。

1. 充分认识全过程人民民主重大理念的重大意义

人民民主是中国共产党始终高举的旗帜。党的十八大以来，以习近平同志为核心的党中央深化对民主政治发展规律的认识，创造性提出并大力推行全过程人民民主。习近平总书记站在人类历史发展的高度，坚持马克思主义民主理论，坚持大历史观，贯通过去、现在和未来，全面阐述全过程人民民主。

一是，全过程人民民主是马克思主义民主理论的最新发展成果。作为价值理念，全过程人民民主创造性地发展了马克思主义民主理论。它贯穿着马克思主义立场观点方法，具有深厚的马克思主义理论渊源。马克思主义对资本主义民主进行了科学分析、批判，在肯定其历史进步性的同时，深刻揭示了它的阶级实质、内在矛盾和历史局限性，阐述了民主的阶级性，民主与专政密不可分，民主的经济基础和历史条件。马克思、恩格斯在《共产党宣言》中指出："工人革命的第一步就是使无产阶级上升为统治阶级，争得民主。"建立并实行无产阶级民主，是人类的新型民主。全过程人民民主，是坚持和发展人民当家作主，是中国特色社会主义民主政治的本质和核心，是习近平新时代中国特色社会主义思想的重要组成部分。

二是，全过程人民民主立足新的历史方位。中国特色社会主义进入新时代，我国社会主要矛盾从人民日益增长的物质文化需要同落后的社会生产之间的矛盾，转化为人民日益增长的美好生活需要和不平衡不充分的发展之间的矛盾。全过程人民民主是中国人民追求美好公共生活的时代呼唤，是新时代构建人民美好公共生活的重要路径。新时代是全过程人民民主提出的现实背景，也可以说，全过程人民民主是基于中国场景的具有显著优越性的高质量民主。

三是，全过程人民民主根植于党领导人民的奋斗实践。人民民主理论和制度是中国共产党领导人民经过长期实践、反复探索形成的，是经过实践反复检验得出的理论性认识和制度性安排。党的十八大以来，以习近平同志为核心的党中央高度重视社会主义民主建设，习近平总书记在多个重要场合发表了重要讲话，作出部署，提出要求，引领我国社会主义民主政治发展开创新局面。特别是2019年11月，习近平总书记在上海考察时深刻指出，"人民民主是一种全过程的民主"。在中国共产党成立100周年庆祝大会上，习近平总书记强调要"发展全过程人民民主"。2021年10月，习近平总书记在中央人大工作会议上，全面系统地阐述全过程人民民主，高度凝练和总结概括了我们党领导的人民民主理论与实践，科学回答了新时代坚持和发展什么样的人民民主、如何发展和扩大人民民主这一重大课题。这创新发展了社会主义民主政治理论，丰富发展了习近平新时代中国特色社会主义思想。全过程人民民主具有深刻的理论意蕴和鲜明的实践指向，实现了历史和现实、理论和实践、形式和内容的有机统一。

四是，全过程人民民主为人类政治文明贡献中国智慧。多年来，美国以西式自由民主为标准，在全球大力甚至无所不用其极地推销所谓"美式"民主，大搞"意识形态东征"。美国召集所谓"民主峰会"，实质上是假民主之名，对付中国的一招"冷战伎俩"，用心之险恶是"司马昭之心路人皆知"。这与当今世界发展大势相悖，必不得人心。这里不得不提自诩为"民主灯塔"的美国。长期以来，美国自诩为"民主灯塔""民主教师爷""民主样板"，认为自己的民主才是真正的民主，"要么你和我们一样，否则你就是在反对我们"。如美国政客将发生在本国的国会山事件视为暴行，却把发生在香港地区的反中乱港暴行称为"美丽风景线"。当美国、西欧等国家或地区发生恐怖袭击事件后，美国忧心忡忡，并对恐怖袭击受害者表达同情；而对包括在中国、俄罗斯、中东等国家或地区发生的恐怖袭击，美国往往很少谴责恐怖分子或组织，却颐指气使地指责这些国家或地区存在所谓的"人权问题"。美国对于"民主"的定义权和裁判权体现了美式民主的虚伪和"双标"。"全过程人民民主"重大理念的提出，可谓恰逢其时！这不仅是对社会主义民主理论和实践的极大发展，也是对西方民主理论的一种有力回击！

2. 民主的价值、理念和评判标准

一是，民主是全人类的共同价值。民主作为人类社会的独特现象，表征着人类共同追求的核心价值，是人类政治文明的重要成果，是人类文明进步的主要标志。民主是中国共产党和中国人民始终不渝坚持的重要理念。民主事关人类的美好幸福生活。

二是，民主的评价标准。民主凝聚了人类共识，但是，民主政治制度不能脱离特定社会政治条件和历史文化传统来抽象评判。习近平总书记强调，"一个国家是不是民主，应该由这个国家的人民来评判，而不应该由外部少数人指手画脚来评判。国际社会哪个国家是不是民主的，应该由国际社会共同来评判，而不应该由自以为是的少数国家来评判"。如何评价一个国家政治制度是不是民主的、有效的？2014年9月，习近平总书记提出"八个能否"的标准。"民主不是装饰品，不是用来做摆设的，而是要用来解决人民需要解决的问题的。"一个国家民主不民主，关键在于是不是真正做到了人民当家作主。习近平总书记在中央人大工作会议上的重要讲话中，创造性地提出"四个要看、四个更要看"的标准。

三是，民主是各国人民的权利。民主不是少数国家独享的专利，而是各国人民普遍拥有的共同权利。在这一点上，各国人民是平等的。世界各国都有权根据本国的具体国情和实际，选择适合自己的民主发展道路和民主政治制度，自主选择具体的、合适的民主实现形式。在这一点上，各国人民也是平等的。在一个国家，人民是主体。在国际上，尊重民主是各国人民的权利，这是坚持人民主体地位的应有之义和必然要求。

四是，民主的实现形式。世界上没有完全一样的两片叶子。实现民主有多种方式，不可能千篇一律。历史和现实都充分说明了这一点。环顾全球，没有一个所谓"普适"的民主模式。即使在英国、法国、美国等所谓的"民主"国家，也是基于本国实际而逐渐形成的，先不说它们之间各有不同，就是同一国家在不同历史时期也会采取不同模式、呈现不同特点。"用单一的标尺衡量世界丰富多彩的政治制度，用单调的眼光审视人类五彩缤纷的政治文明，本身就是不民主的。"民主之事，一定要用民主的方式来办。否则，不仅办不好民主之事，还会事与愿违。民主作为价值、理念，是全人类共同的，作为实现民主的形式、方式，是多种多样的。这二者是辩证统一的，统一于各国丰富多彩的民主实践、民主生活之中。

3. 我们党关于人民民主的"五个基本观点"

我们党坚持和发展人民民主的"五个基本观点"，是我们党始终坚持的基本原则。

一是，人民民主是社会主义的生命，没有民主就没有社会主义，就没有社会主义的现代化，就没有中华民族伟大复兴。

二是，人民当家作主是社会主义民主政治的本质和核心，发展社会主义民主政治就是要体现人民意志、保障人民权益、激发人民创造活力，用制度体系保证人民当家作主。

三是，中国特色社会主义政治发展道路是符合中国国情、保证人民当家作主的正确道路，是近代以来中国人民长期奋斗历史逻辑、理论逻辑、实践逻辑的必然结果，是坚持党的本质属性、践行党的根本宗旨的必然要求。

四是，人民通过选举、投票行使权利和人民内部各方面在重大决策之前进行充分协商，尽可能就共同性问题取得一致意见，是中国社会主义民主的两种重要形式，共同构成了中国社会主义民主政治的制度特点和优势。

五是，发展社会主义民主政治关键是要把我国社会主义民主政治的特点和优势充分发挥出来，不断推进社会主义民主政治制度化、规范化、程序化，为党和国家兴旺发达、长治久安提供更加完善的制度保障。

习近平总书记正是在坚持上述五个基本观点的基础上，提出全过程人民民主的重大理念，并对其进行系统全面阐述，指出"我国全过程人民民主不仅有完整的制度程序，而且有完整的参与实践"。党的二十大报告把发展全过程人民民主确定为中国式现代化的本质要求之

人民有序政治参与怎么做

一，指出"全过程人民民主是社会主义民主政治的本质属性"，这是一个新的界定。

4. 大力实行和不断发展全过程人民民主

全过程人民民主重大理念的提出和实行，进一步转化为科学有效的制度安排和具体现实的民主实践，取得新的重大进展。

一是，完整的制度程序，人民当家作主制度体系不断完善。我国实行工人阶级领导的、以工农联盟为基础的人民民主专政的国体，实行人民代表大会制度的政体，实行中国共产党领导的多党合作和政治协商制度、民族区域自治制度、基层群众自治制度等基本政治制度，巩固和发展最广泛的爱国统一战线，健全了全面、广泛、有机衔接的人民当家作主制度体系，包括根本制度和基本制度以及一系列重要制度和体制机制，构建了多样、畅通、有序的民主渠道。

二是，完整的参与实践，人民有序政治参与不断扩大。全体人民享有宪法法律赋予的广泛权利和自由，依法实行民主选举、民主协商、民主决策、民主管理、民主监督，依法通过各种途径和形式管理国家事务，管理经济和文化事业，管理社会事务，实现经济、政治、文化、社会、生态文明等方面的全覆盖，使全过程人民民主从价值理念成为扎根中国大地的制度形态、治理机制和人民的生活方式。

三是，新型的民主形态，全过程人民民主不断发展。习近平总书记深刻指出："我国全过程人民民主实现了过程民主和成果民主、程序民主和实质民主、直接民主和间接民主、人民民主和国家意志相统一，是全链条、全方位、全覆盖的民主，是最广泛、最真实、最管用的社会主义民主。"我国全过程人民民主深深扎根于中国社会土壤，积极回应了人民对民主法治、公平正义的新期待新要求，是我国人民民主的最新发展，是能够保证人民当家作主、把国家和民族的前途命运牢牢掌握在自己手中的新型民主。

如何投票直接选举人大代表？

人大代表是我国国家权力机关的组成人员，由民主选举产生，实行直接选举和间接选举相结合的选举制度。其中，不设区的市、市辖区、县、自治县、乡、民族乡、镇的人民代表大会的代表，由选民直接选举。人大代表选举是践行全过程人民民主的重要环节，是人民代表大会制度的重要组成部分。县乡人民代表大会每届任期五年，每五年举行一次换届选举，直接选举县乡两级人大代表就是在这个时刻进行的。

做好县乡人大代表直接选举，对于巩固党长期执政基础，保障人民当家作主，加强基层国家政权建设，坚持和完善人民代表大会制度，凝聚亿万人民群众的磅礴力量，全面建设社会主义现代化国家、全面推进中华民族伟大复兴团结奋斗，具有十分重要的意义。党和国家高度重视直接选举县乡人大代表工作，每次县乡人大换届都制定了严格的选举方案和纪律规范，严明选举纪律，为公民依法参加选举提供了便利的条件。

做好人大代表直接选举工作，需要坚持党的领导、坚持充分发扬民主、坚持严格依法办事，做好组织保障，按步骤进行。我国选举法明确规定，县乡人大代表的选举应当严格依照法定程序进行，并接受监督。任何组织或者个人都不得以任何方式干预选民或者代表自由行使选举权。风清气正的换届风气，保证了直接选举的选民登记率、参选率高和选举结果得到人民群众普遍认可。

最近一次的全国县乡两级人大换届选举从2021年上半年起陆续展开，至2022年6月底全面完成。全国10.64亿选民直接选举产生2629447名县乡两级人大代表，比上届增加151459名，增长6.11%。其中，县级人大代表670563名、乡级人大代表1958884名。代表结构进一步优化，充分体现了先进性、广泛性和代表性。选出的县乡两级人大代表中，一线工人、农民、专业技术人员等基层代表比例分别为52.53%和76.75%，比上届分别上升1.47个和0.21个百分点；妇女代表比例分别为31.64%和32.36%，比上届分别上升3.23个和4.34个百分点；少数民族代表比例分别为15.42%和17.18%；归侨代表依照法律规定得以保证。这次全国县乡两级人大换届选举依法、安全、平稳、有序，彰显了中国特色社会主义民主政治的特点和优势。[1]

---

[1] 王比学：《全国县乡两级人大换届选举工作全面完成》，《人民日报》2022年10月10日，第2版。

> 人民有序政治参与怎么做

公民依法参与县乡人大代表直接选举，需要了解我国人大代表选举的基本制度、基本程序和注意事项，依法有序参加选举。有选举权的公民既可依法参选，也可选举他人。

1. 县乡人大代表选举制度的基本规定

一是立法明确选举资格。我国宪法和选举法规定，中华人民共和国年满十八周岁的公民，不分民族、种族、性别、职业、家庭出身、宗教信仰、教育程度、财产状况和居住期限，都有选举权和被选举权。依照法律被剥夺政治权利的人没有选举权和被选举权。当前我国有超过10亿选民。公民如果年满十八周岁且没有被剥夺政治权利，都可以依法参加投票直接选举人大代表。

二是成立选举机构。不设区的市、市辖区、县、自治县、乡、民族乡、镇设立选举委员会，主持本级人大代表的选举。不设区的市、市辖区、县、自治县的选举委员会受本级人大常委会的领导。乡、民族乡、镇的选举委员会受不设区的市、市辖区、县、自治县的人大常委会的领导。省、自治区、直辖市、设区的市、自治州的人大常委会指导本行政区域内县级及以下人大代表的选举工作。

三是明确选举委员会职责。选举委员会履行下列职责：划分选举本级人大代表的选区，分配各选区应选代表的名额；进行选民登记，审查选民资格，公布选民名单；受理对于选民名单不同意见的申诉，并作出决定；确定选举日期；了解核实并组织介绍代表候选人的情况；根据较多数选民的意见，确定和公布正式代表候选人名单；主持投票选举；确定选举结果是否有效，公布当选代表名单；法律规定的其他职责。选举委员会应当及时公布选举信息，草拟本级人大代表选举工作方案，确保选举工作的顺利进行。

选举委员会应当根据各选区选民分布状况，按照方便选民投票的原则设立投票站，进行选举。选民居住比较集中的，可以召开选举大会，进行选举；因患有疾病等原因行动不便或者居住分散并且交通不便的选民，可以在流动票箱投票。

四是确立代表名额。不设区的市、市辖区、县、自治县的代表名额基数为140名，每5000人可以增加1名代表；人口超过155万的，代表总名额不得超过450名；人口不足5万的，代表总名额可以少于140名。乡、民族乡、镇的代表名额基数为45名，每1500人可以增加1名代表；但是，代表总名额不得超过160名；人口不足2000的，代表总名额可以少于45名。依法按规定的代表名额基数与按人口数增加的代表数相加，就是县、乡人大的代表总名额。

五是选区划分。不设区的市、市辖区、县、自治县、乡、民族乡、镇的人民代表大会的代表名额分配到选区，按选区进行选举。选区可以按居住状况划分，也可以按生产单位、事业单位、工作单位划分。选区的大小，按照每一选区选1名至3名代表划分。本行政区域内各选区每一代表所代表的人口数应当大体相等。

六是选民登记。选民登记按选区进行，经登记确认的选民资格长期有效。每次选举前对上次选民登记以后新满十八周岁的、被剥夺政治权利期满后恢复政治权利的选民，予以登记。对选民经登记后迁出原选区的，列入新迁入的选区的选民名单；对死亡的和依照法律被剥夺政治权利的人，从选民名单上除名。精神病患者不能行使选举权利的，经选举委员会确认，不列入选民名单。选民名单应在选举日的20日以前公布，实行凭选民证参加投票选举的，并应当发给选民证。

七是代表候选人的提出。县乡人大代表候选人，按选区提名产生。各政党、各人民团体，可以联合或者单独推荐代表候选人。选民10人以上联名，也可以推荐代表候选人。推荐者应向选举委员会介绍代表候选人的情况。接受推荐的代表候选人应当向选举委员会如实提供个人身份、简历等基本情况。提供的基本情况不实的，选举委员会应当向选民通报。各政党、各人民团体联合或者单独推荐的代表候选人的人数，每一选民参加联名推荐的代表候选人的人数，均不得超过本选区应选代表的名额。县乡人大代表实行差额选举，代表候选人的人数应多于应选代表名额三分之一至一倍。

由选民直接选举人大代表的，代表候选人由各选区选民和各政党、各人民团体提名推荐。选举委员会汇总后，将代表候选人名单及代表候选人的基本情况在选举日的十五日以前公布，并交各该选区的选民小组讨论、协商，确定正式代表候选人名单。正式代表候选人名单及代表候选人的基本情况应当在选举日的七日以前公布。

选举委员会应当向选民介绍代表候选人的情况。推荐代表候选人的政党、人民团体和选民可以在选民小组或者代表小组会议上介绍所推荐的代表候选人的情况。选举委员会根据选民的要求，应当组织代表候选人与选民见面，由代表候选人介绍本人的情况，回答选民的问题。但是，在选举日必须停止代表候选人的介绍。

2. 县乡人大代表选举具体程序

一是选举时间和流程。每五年一次的县乡人大换届选举是我国政治生活中的一件大事，党中央和全国人大常委会会统一作出部署。各省（自治区、直辖市）人大常委会根据中央的部署和选举法的规定作出相关的决定，对本省（自治区、直辖市）换届选举工作作出安排，确定选举的大致时间范围。一般来说，换届选举常常从下半年开始，在第二年1月或2月完成，有关机构会及时发布选举公告。选民可以及时关注有关公告和通知，掌握选举流程和时间。比如，最近一次的广东省县乡两级人大换届选举工作起止时间是从2021年6月至2022年1月，选举产生县人大代表34638名、乡人大代表91229名。

二是选民登记。选民根据当地的选举安排，及时进行登记。当前，很多地方都推行选民登记电子化，极大地方便了选举登记、提高了工作效率。比如，2021年至2022年的县乡人大换届选举，浙江省人大常委会创新开发并推广使用全省统一的县乡人大换届选举数字化应用场景，全省在线登记选民4291.7万人，户籍人口登记率98.4%，提高了换届选举工作的质量和效率。登记后，选民可根据选举委员会的规定，凭身份证或者选民证领取选票。

三是依法投票。县乡人大代表的选举，一律采用无记名投票的方法。选举时应当设有秘密写票处。选民如果是文盲或者因残疾不能写选票的，可以委托他信任的人代写。选举人对于代表候选人可以投赞成票，可以投反对票，可以另选其他任何选民，也可以弃权。

我国人口跨地域流动、城乡流动比较大，相当多的选民在家乡之外的地方务工、经商或者居住，存在数量颇为庞大的流动选民。为保障流动选民的选举权利，选举法明确规定，选民如果在选举期间外出，经选举委员会同意，可以书面委托其他选民代为投票。每一选民接受的委托不得超过3人，并应当按照委托人的意愿代为投票。

四是选举结果。在选民直接选举人大代表时，选区全体选民的过半数参加投票，选举有效。投票结束后，还有监票、计票的过程。代表候选人获得参加投票的选民过半数的选票时，始得当选。获得过半数选票的代表候选人的人数超过应选代表名额时，以得票多的当选。如遇票数相等不能确定当选人时，应当就票数相等的候选人再次投票，以得票多的当选。获得过半数选票的当选代表的人数少于应选代表的名额时，不足的名额另行选举。另行选举时，根据在第一次投票时得票多少的顺序，按照选举法第三十一条规定的差额比例，确定候选人名单。[①]如果只选一人，候选人应为二人。这时代表候选人以得

[①] 选举法第三十一条规定："全国和地方各级人民代表大会代表实行差额选举，代表候选人的人数应多于应选代表的名额。由选民直接选举人民代表大会代表的，代表候选人的人数应多于应选代表名额三分之一至一倍；由县级以上的地方各级人民代表大会选举上一级人民代表大会代表的，代表候选人的人数应多于应选代表名额五分之一至二分之一。"

票多的当选，但是得票数不得少于选票的三分之一。

选举结果由选举委员会依法确定是否有效，并予以宣布。当选代表名单由选举委员会予以公布。代表资格审查委员会依法对当选代表是否符合宪法、法律规定的代表的基本条件，选举是否符合法律规定的程序，以及是否存在破坏选举和其他当选无效的违法行为进行审查，提出代表当选是否有效的意见，向本级人大常委会或者乡、民族乡、镇的人大主席团报告。

县级人大常委会或者乡、民族乡、镇的人大主席团根据代表资格审查委员会提出的报告，确认代表的资格或者确定代表的当选无效，在每届人民代表大会第一次会议前公布代表名单。

以上就是公民投票直接选举人大代表的全过程。每一个有选举权的中国公民都可以依法参与，依法自主地选举人大代表。人大代表选举生动说明了我国全过程人民民主的真实性、有效性、广泛性，为人民代表大会制度运行奠定了坚实的民意基础和群众基础。

如何通过人大代表提出意见和建议？

全国人大代表和地方各级人大代表，代表人民的利益和意志，依照宪法和法律赋予本级人民代表大会的各项职权，参加行使国家权力。人大代表作为国家权力机关组成人员，人民群众通过人大代表提出意见和建议是人民当家作主的重要体现。人民群众的意见建议在我国政治运行中具有重要地位，是党和国家机关工作的重要参考。习近平总书记指出："一切国家机关和国家工作人员必须牢固树立人民公仆意识，把人民放在心中最高位置，保持同人民的密切联系，倾听人民意见和建议，接受人民监督，努力为人民服务。"① 人民群众有序进行政治参与，一个非常重要的方式就是通过人大代表提出意见建议。

首先，人大代表负有反映人民群众利益诉求、意见建议的重要使命和法定职责。2020年9月，习近平总书记在基层人大代表座谈会上指出："人大代表要更加密

---

① 习近平：《在中央人大工作会议上的讲话》（2021年10月13日），《求是》2022年第5期。

切联系群众"。① 2021 年 10 月，习近平总书记在中央人大工作会议上进一步指出"要丰富人大代表联系人民群众的内容和形式，拓宽联系渠道，积极回应社会关切，更好接地气、察民情、聚民智、惠民生""人大代表肩负人民赋予的光荣职责，要忠实代表人民利益和意志，依法参加行使国家权力。要站稳政治立场，履行政治责任，加强思想、作风建设，模范遵守宪法法律，做政治上的明白人。要充分发挥来自人民、扎根人民的特点优势，密切同人民群众的联系，当好党和国家联系人民群众的桥梁，最大限度调动积极因素、化解消极因素，展现新时代人大代表的风采"。② 代表法第四条第（五）项明确规定，代表应当履行"与原选区选民或者原选举单位和人民群众保持密切联系，听取和反映他们的意见和要求，努力为人民服务"的义务。人大代表要履行好自己的职责，提出符合人民群众需要、贴近社会生活实际的议案和建议，就必须深入调研，深入基层，到矛盾最集中、困难最多、群众意见最大的地方去，广泛倾听人民群众的意见建议，了解老百姓的急难愁盼问题，和群众打成一片。

---

① 习近平：《在基层代表座谈会上的讲话》（2020 年 9 月 17 日），习近平：《论坚持人民当家作主》，中央文献出版社 2021 年版，第 315 页。
② 习近平：《在中央人大工作会议上的讲话》（2021 年 10 月 13 日），《求是》2022 年第 5 期。

其次，法律赋予人大代表向本级人民代表大会及其常务委员会提出对国家机关各方面工作的建议、批评和意见，提出议案的权利。代表对国家各项工作提出意见建议是人大代表受人民委托参与行使国家权力的一种重要形式，这为人大代表反映人民群众意见建议提供了渠道和平台。地方组织法第四十二条第一款、第二款规定："县级以上的地方各级人民代表大会代表向本级人民代表大会及其常务委员会提出的对各方面工作的建议、批评和意见，由本级人民代表大会常务委员会的办事机构交有关机关和组织研究办理并负责答复。乡、民族乡、镇的人民代表大会代表向本级人民代表大会提出的对各方面工作的建议、批评和意见，由本级人民代表大会主席团交有关机关和组织研究办理并负责答复。"代表法第十八条规定："代表有权向本级人民代表大会提出对各方面工作的建议、批评和意见。建议、批评和意见应当明确具体，注重反映实际情况和问题。"习近平总书记指出：各级人大及其常委会要"成为自觉坚持中国共产党领导的政治机关、保证人民当家作主的国家权力机关、全面担负宪法法律赋予的各项职责的工作机关、始终同人民群众保持密切联系的代表机关"。[1] 每年

---

[1] 习近平：《在中央人大工作会议上的讲话》（2021年10月13日），《求是》2022年第5期。

人民有序政治参与怎么做

各地都会召开人代会，会上都有人大代表提出大量议案和建议，这些议案和建议反映了广大人民群众的心声，寄托着人民群众的厚望。在人代会闭会期间，代表也可以提出建议。这些议案和建议由有关国家机构、有关部门负责审议办理。以全国人大为例，十三届全国人大履职5年间，全国人大代表提出议案2282件、代表建议43750件，全部审议办理完毕。

那么，公民如何通过人大代表来提出意见建议呢？比较重要的有以下几个方面。

一是了解代表结构、代表权利义务和代表履职特点。我国有277万多名人大代表，包括全国人大代表、省级人大代表、设区的市级人大代表、县级人大代表、乡镇人大代表等五级人大代表。其中超过90%都是县乡人大代表，他们是生活和工作在人民群众身边的人大代表，参与经济社会生活最直接，同群众联系最经常，对党的路线方针政策落地见效感知最真切。公民可以通过县乡人大代表提出意见建议，也可以通过设区的市级、省级乃至全国人大代表提出。全国"两会"一般是每年3月初召开，地方"两会"一般是每年1月至2月召开。在"两会"召开之前，人大代表一般都会准备议案和建议，以便在人民代表大会会议上提出。这个时期是公民通过人大代表提出意见建议的重要时机。公民可以主动联系人大代表，提出完整成熟的议案和代表建议，供其参考，或者向代表反映自己的意见建议；也可以应邀参与人大代表召开的各种座谈会、调研等，反映自己的意见建议和利益诉求。

二是通过各级人大代表工作机构联系人大代表，反映意见建议。人大代表是国家权力机关的组成人员。各级人大是人大代表集中履职的地方，也是代表集中反映人民群众意见建议和利益诉求的地方。2023年3月，中共中央决定组建全国人大常委会代表工作委员会，作为全国人大常委会的工作委员会。这是党中央加强代表工作、更加注重发挥代表联系人民群众的桥梁纽带作用的重要举措。2023年6月，十四届全国人大常委会第三次会议通过决定，决定设立全国人大常委会代表工作委员会，明确其组成、职责。代表工作委员会承担全国人大代表名额分配、资格审查、联络服务有关工作，指导协调代表集中视察、专题调研、联系群众有关工作，统筹管理全国人大代表议案建议工作等。地方各级人大也高度重视代表工作，设有专门的机构或者人员负责代表工作，有的是代表工作委员会、代表选举联络机构、联络处等，有些基层人大可能没有专门机构，但有专人负责。公民可以联系这些机构或人员，取得代表的联系方式，了解代表履职信息，提出意见建议。

人民有序政治参与怎么做

三是利用好人大代表之家（联络站）、基层立法联系点、预算审查联系点等各种平台。地方组织法规定，县级以上的地方各级人大常委会通过建立基层联系点、代表联络站等方式，密切同人民群众的联系，听取对立法、监督等工作的意见和建议。为了方便代表联系人民群众、方便群众提出意见建议，各级人大设立了代表之家、代表联络站、基层立法联系点、预算审查联系点等平台22万多个，全国基本实现乡镇、街道全覆盖，不少地方延伸到社区和行政村。这些平台遍布全国，离老百姓很近。

代表之家、代表联络站是人大代表联系群众的桥梁和纽带，是学习交流、视察调研、代表述职、工作评议的综合服务平台，是代表平时经常活动的地方。以上海为例，截至2022年11月，上海已建成人大代表联系群众各类平台5500多个，基本实现全市范围内每平方千米就有一个联系点。在上海，1.5万名全国、市、区、镇四级人大代表均已编入各个"家站点"，打通代表联系群众的"最后一公里"。多数代表家站除了平日运行，接待群众来访，接受群众来函，还会设立代表接待日或者邀请一些地方官员来听取人民群众反映情况。这都为公民通过代表提出意见建议提供了较好的条件。

全国6500多个基层立法联系点为公民反映有关意见特别是立法意见提供了重要平台。

当前，全国范围内建立了一些预算审查基层联系点，目的是了解各级预算执行情况、国有资产管理情况，以便更有效地实施监督，同时就财税立法、预算编制及其他有关重大财税问题进行调研，以供党中央决策、人大立法监督和开展相关工作参考。预算审查基层联系点一般会联系一定数量的相关的人大代表。公民如果有相关领域的意见建议，也可以联系这些联系点所联系的代表，或者通过这些联系点提出意见建议。

四是利用好代表向选民报告工作、代表参与调研视察等工作场景。代表法规定，代表应当采取多种方式经常听取人民群众对代表履职的意见，回答原选区选民或者原选举单位对代表工作和代表活动的询问，接受监督。由选民直接选举的代表应当以多种方式向原选区选民报告履职情况。地方组织法进一步规定，地方各级人大代表应当向原选区选民或者原选举单位报告履职情况。这是选民直接接触代表的重要机会。

此外，各级人大还会经常性组织代表调研视察或者参加执法检查，公民也可以在这类场景中向代表提交书面意见，或者口头表达意见。

总之，在全过程人民民主得到蓬勃开展的当前，公民通过人大代表提出意见建议的渠道、机制和机会是很多的，形成了一个多元的、立体的网络。公民既可以通

> 人民有序政治参与怎么做

过人大机关,也可以通过国家机关设在老百姓身边的基层工作平台联系人大代表;既可以通过现场的、线下的方式,也可以通过网络的、线上的方式联系人大代表,提出意见建议。

如何参与基层立法联系点工作?

基层立法联系点是具有立法权限的国家机关设在老百姓家门口的工作平台和载体,为基层群众、各界人士参与立法和国家治理提供了便捷、常设的直通渠道,使基层原汁原味的意见建议直接进入国家机关开展立法决策论证的范围,有"立法直通车"之称。"法非从天下,非从地出,发于人间,合乎人心而已。"[1] 基层立法联系点是在践行全过程人民民主过程中产生的一种新型民主立法实践。

从设立基层立法联系点的主体来看,既有人大,也有政府;既有中央国家机关,也有地方国家机关。从基层立法联系点分布的地点和单位来看,不仅有设在市县国家机关的,更多的是设在乡镇人民政府(街道办事处)、村(居)民委员会、企事业单位和有关行业组织的。基层立法联系点共同的特点是离老百姓比较近。一些基层立法联系点之下还有若干立法联络站,一般就是直接和老百姓接触的更为基层的单位。通过基层立法联系点

---

[1] 出自《慎子·逸文》,《慎子》为战国时期法家代表慎到等人所著。

人民有序政治参与怎么做

这一机制和平台，老百姓既可以反映法律问题、立法意见，也可以反映本地社会治理问题，大家共同协商解决，有效提高了社会治理效能，推动了法治中国、平安中国建设，促进社会治理成效更多、更公平地惠及全体人民。

1. 中央高度重视基层立法联系点建设

2014年10月，党的十八届四中全会《中共中央关于全面推进依法治国若干重大问题的决定》提出，建立基层立法联系点制度，推进立法精细化。2015年7月，全国人大常委会法工委设立首批4个全国基层立法联系点：上海市虹桥街道办事处、甘肃省临洮县人大常委会、江西省景德镇市人大常委会、湖北省襄阳市人大常委会。2019年11月，习近平总书记到上海市虹桥街道基层立法联系点考察时强调，基层立法联系点的探索很有意义，要总结推广这种模式，并首次提出了"人民民主是一种全过程的民主"的重要论断。[1] 党的二十大报告提出，要"健全吸纳民意、汇集民智工作机制，建设好基层立法联系点"。[2]

---

[1] 习近平：《论坚持人民当家作主》，中央文献出版社2021年版，第303页。

[2] 习近平：《高举中国特色社会主义伟大旗帜 为全面建设社会主义现代化国家而团结奋斗——在中国共产党第二十次全国代表大会上的报告》（2022年10月16日），人民出版社2022年版，第38页。

2022年修改的地方组织法规定，县级以上的地方各级人大常委会通过建立基层联系点等方式，密切同人民群众的联系，听取对立法、监督等工作的意见和建议。2023年修改的立法法规定，全国人大常委会和省（区、市）以及设区的市可以设立基层立法联系点。

目前，全国人大常委会法工委设在地方的基层立法联系点总数为45个，实现了31个省（区、市）全覆盖。45个基层立法联系点覆盖区域人口数超过6000万，越来越多的民众在家门口就能对关切的法律问题发表意见、表达诉求。截至2023年10月，全国人大常委会法工委已就150多部法律草案等征求基层立法联系点意见，普通民众通过这个平台，提出了近15000条"原汁原味"的意见建议，有2800多条被立法研究吸纳。在全国人大常委会带动下，地方人大设立了500多个省级基层立法联系点和6000多个设区的市（自治州）级基层立法联系点，搭建起了基层民众共商共建共享的平台。基层立法联系点成为除网上公布法律草案向社会公众征求意见、向部门和地方发函征求意见，以及立法调研、座谈会、听证会、论证会等形式外的新的群众有序参与国家立法的有效形式，并初步形成国家级、省级、设区的市（自治州）级基层立法联系点三级联动的工作体系，在实践中逐渐迸发出强大活力。

2. 地方加强基层立法联系点工作

各地高度重视公民参与基层立法联系点工作。一些省级人大或省政府为基层立法联系点建设和发展制定了专门规范，统一规范基层立法联系点的设立和工作的开展，并对于如何保障公民有序参与基层立法联系点工作进行了规范。比如，2016年9月，安徽省十二届人大常委会第105次主任会议通过的《安徽省人大常委会基层立法联系点工作规定》规定："基层立法联系点根据省人大常委会立法工作需要做好以下工作：（一）组织对省人大常委会立法规划草案及年度立法计划草案提出意见建议；（二）组织征求对法规草案的意见；（三）参与省人大专门委员会、常委会工作机构组织的立法调研和课题研究；（四）反映基层组织、群众提出的立法建议。"其中特别提到要"反映基层组织、群众提出的立法建议"。《广东省人民政府立法基层联系点工作规定》统一规范了本省政府层面的立法基层联系点工作，其中明确规定："基层联系点要充分发挥贴近基层优势，创新工作方式方法，广泛征集社会公众意见。基层联系点根据立法项目实际情况需要，可以采取座谈会、调查研究、书面征求意见等方式征求社会公众的意见和建议。对收集到的各方面意见和建议，基层联系点应当及时归纳整理，并书面回复法规规章草案起草单位或者省司法行政部门。对社会关注度高和意见分歧比较大的问题，重点阐明各方意见、理由和依据。"

相当多的设区的市级人大对基层立法联系点建设作出专门的规范。2017年12月，汕尾市第七届人大常委会第12次主任会议通过的《汕尾市人大常委会基层立法联系点工作规定》规定："基层立法联系点要充分发挥基层优势，创新工作方法，广泛征集意见。根据任务需要，可以采取座谈会、调查研究、印送草案征求意见稿等方式征求基层群众、组织的意见和建议，对收集到的意见及时归纳整理，报送市人大有关专门委员会或常委会工作机构。"2016年3月，黄冈市第四届人大常委会第87次主任会议通过的《黄冈市人大常委会基层立法联系点工作规定》规定，基层立法联系点是基层群众和社会组织直接参与立法活动的重要载体和市人大常委会深入基层直接了解群众意见的经常性互动平台，要求基层立法联系点"反映基层组织、群众提出的立法建议和要求"。这些规定都为公民参与立法联系点工作提供了便利。

有一些基层立法联系点总结自身经验，制定规范各项工作的制度。比如，上海市虹桥街道基层立法联系点在工作程序上，按照立法前中后的顺序，确保公民能够参与法律草案的立项、起草、调研、审议、评估、宣传、实施等全过程各环节。

3. 公民通过基层立法联系点提出意见建议

一是根据需要选择基层立法联系点。人大或者政府有关部门设立的基层立法联系点遍布全国各地，很方便公民联系和参与。公民可以根据自己感兴趣的法律、法规或者规章等规范性文件的制定提供意见建议而选择具体的立法联系点。公民如果想就人大的立法提交意见建议或者是向人大机关表达利益诉求，或者是联系人大代表，可以联系参加人大系统的立法联系点。参加政府的立法联系点一般就政府的立法提交意见建议，或者是表达有关利益诉求。选择好了基层立法联系点之后，公民可以通过网络或者实地考察的方式，了解基层立法联系点的基本情况、规章制度、开放接待群众来访日时间、座谈会和意见征询会等有关信息。一般而言，在基层立法联系点都会有人大代表（政府立法联系点则一般是政府官员）定期来接待群众来访。公民除了表达立法建议，还可以反映有关问题。人大或者是政府立法部门的有关法律法规草案会定期在基层立法联系点公开征求意见，公民可以有针对性地了解相关情况并进行参与。一般地，公民不但可以选择身边的立法联系点，还可以选择距离较远的立法联系点。

二是直接参与基层立法联系点有关活动。了解清楚基本情况和基本规则之后,公民就可以定期参与基层立法联系点的工作,比如参与其召开的意见征询会、调研座谈会、问卷调查、网络征求意见等活动。在提出立法建议时,公民如果能够依托自己所在的工作单位或者所在街道、社区参与基层立法联系点的工作,使得自己具有一定的代表性,比如代表某某社区、某某单位、某某行业,效果会更好。这就需要公民和社区、自己的工作单位进行联系,取得同意。当然,公民也可以单纯以个人的名义参与基层立法联系点工作。公民如果想使自己的建议更能代表特定行业、领域,则最好进行一些实实在在的调查研究,使得自己的建议更有针对性和可操作性。

2021年11月18日,反垄断法修正草案立法意见征询会在上海市虹桥街道基层立法联系点召开。全国人大常委会法工委国家法室、虹桥街道有关负责同志和工作人员参加,各界人士代表10余人参与了会议,表达了自己对于反垄断法修改的意见。

2022年1月10日,就公司法修订,全国人大常委会法工委虹桥街道基层立法联系点、上海市人大常委会海通证券基层立法联系点联合邀请企业代表和专家、律

人民有序政治参与怎么做

师 20 余人，汇聚一堂，共议市场经济的基础法。参与征询会的复旦大学法学院教授葛伟军说，"公司法修订是件大事，我通过多种方式参与了立法意见征询，此前的形式，感觉不够有力，直接和各级立法机关坐在一起，面对面提出自己的建议，更能引起重视"。①

2020 年 7 月，全国人大常委会法工委明确义乌市人大常委会为第二批基层立法联系点。自此，浙江省首个"国字号"基层立法联系点落地，义乌开通了参与国家立法工作的"直通车"。从 2020 年 7 月至 2022 年 6 月底的近 2 年时间，一批高质量的立法建言从基层直通全国人大，从反食品浪费法到家庭教育促进法，从刑法修正案（十一）到职业教育法，已有 153 条来自义乌的意见建议被吸收采纳，其中就有 19 条来自联系点下设的义乌市公安局法制大队立法联络站。立法联系点之后又有立法联络站，离老百姓更近，为老百姓参与立法提供了更便捷的渠道。由此可见，基层立法联系点参与立法工作，是实实在在的。公民通过基层立法联系点及其下设的立法联络站参与立法，不但是触手可及的，而且是有效果的。

---

① 《倾听！这场征询会，百姓参与立法体现全过程人民民主》，https://sghexport.shobserver.com/html/baijiahao/2022/01/13/633498.html。

2020年7月，未成年人保护法修订草案向社会征求意见。华东政法大学附中学生事务中心的同学们得知后立即行动起来，投入修法调研活动中。他们共提出17条修改建议。这些建议通过虹桥街道基层立法联系点转呈全国人大常委会法工委。全国人大常委会在修改未成年人保护法时采纳了其中的部分意见建议，并以全国人大常委会法工委社会法室的名义作了反馈，取得了较好的社会效果。

如何对法规、规章等规范性文件提出审查建议？

对规范性文件开展备案审查，简称备案审查，是宪法法律赋予人大常委会和政府的一项重要职权，是人大常委会和政府履行宪法法律赋予的监督职责的一项重要工作，对于维护国家法治统一、促进社会经济发展、保障公民合法权益有着重要意义。我国宪法和立法法、监督法、地方组织法等法律都有关于备案审查方面的规定。党的十八大以来，以习近平同志为核心的党中央从推进全面依法治国、加强宪法法律实施和监督的战略高度，就加强备案审查工作作出一系列决策部署，党的十八届三中全会和四中全会、十九届二中全会、中央全面依法治国工作会议、中央人大工作会议和党中央有关文件都提出了明确的任务要求。

在我国，备案审查的主体既有全国人大常委会和地方各级人大常委会，又有国务院和地方人民政府。2017年，全国人大常委会首次听取和审议备案审查工作情况的报告，带动地方各级人大的备案审查工作显性化、制度化、常态化。当前，各级人大常委会和政府全面开展、扎实推进备案审查工作，加大审查力度，丰富审查方式，增强纠错刚性，建立健全备案审查工作衔接联动机制，备案审查工作不断取得新进展新成效。

参与规范性文件的备案审查是我国公民的一项重要权利。按照我国宪法法律规定，公民或者组织可以就行政法规、地方性法规、监察法规、部门规章、司法解释等规范性文件的合宪法、合法性问题进行监督，发现有违背宪法法律规定和精神、下位法违背上位法等情况的，可以向人大常委会或者政府提出书面审查建议。各级人大常委会和政府普遍高度重视公民、组织提出的审查建议的研究、处理和反馈工作，完善审查建议办理机制，提高重点、难点审查建议办理成效，提升审查工作民主含量和质量，把备案审查工作和制度建设作为人大民主民意重要表达平台和载体。

公民如果想就行政法规、地方性法规、政府规章、部门规章等规范性文件提出审查建议，可以从以下方面着手。

1. 了解我国法律体系内部的效力等级

这有利于公民更为精准、更有针对性地提出审查建议。在我国，宪法具有最高的法律效力，一切法律、行政法规、地方性法规、自治条例和单行条例、规章都不得同宪法相抵触。法律的效力高于行政法规、地方性法规、规章。行政法规的效力高于地方性法规、规章。地方性法规的效力高于本级和下级地方政府规章。省、自治区的人民政府制定的规章的效力高于本行政区域内的设区的市、自治州的人民政府制定的规章。自治条例和单行条例依法对法律、行政法规、地方性法规作变通规定的，在本自治地方适用自治条例和单行条例的规定。经济特区法规根据授权对法律、行政法规、地方性法规作变通规定的，在本经济特区适用经济特区法规的规定。部门规章之间、部门规章与地方政府规章之间具有同等效力，在各自的权限范围内施行。同一机关制定的法律、行政法规、地方性法规、自治条例和单行条例、规章，特别规定与一般规定不一致的，适用特别规定；新的规定与旧的规定不一致的，适用新的规定。法律、行政法规、地方性法规、自治条例和单行条例、规章不溯及既往，但为了更好地保护公民、法人和其他组织的权利和利益而作的特别规定除外。

2. 了解各种规范性文件的备案主体

根据立法法的规定，行政法规、地方性法规、自治条例和单行条例、规章应当在公布后的三十日内报有关机关备案。行政法规报全国人大常委会备案，省、自治区、直辖市的人大及其常委会制定的地方性法规报全国人大常委会和国务院备案，设区的市、自治州的人大及其常委会制定的地方性法规，由省、自治区的人大常委会报全国人大常委会和国务院备案。自治州、自治县的人大制定的自治条例和单行条例，由省、自治区、直辖市的人大常委会报全国人大常委会和国务院备案。部门规章和地方政府规章报国务院备案。地方政府规章应当同时报本级人大常委会备案。设区的市、自治州的人民政府制定的规章应当同时报省、自治区的人大常委会和人民政府备案。根据授权制定的法规应当报授权决定规定的机关备案。一般地，公民可以根据规范性文件的制定机关、效力等级、规范范围而选择提交备案审查建议的主体。了解这些知识，有利于公民选择向更适当的主体提出书面审查建议。

3. 向人大常委会或者人大机关提出书面审查建议

公民可以直接给全国人大常委会或者地方人大常委会办公厅或者有关机构写信，还可以通过网络方式等提交书面审查建议。当前，已经建成了全国人大和地方人大都有参与的、全国统一的备案审查信息平台，公民可以在此平台提交书面审查建议。除此之外，中国人大网和国家法律法规数据库等平台设有专门的"审查建议在线提交"栏目，公民可以非常方便地在此提交书面审查建议，全国人大常委会有关机构将及时研究有关审查建议并进行回复。2018—2022年，公民、组织向全国人大常委会有关机构提出审查建议17769件，其中，2018年1229件，2019年226件，2020年5146件，2021年6339件，2022年4829件，全国人大常委会有关机构都认真研究处理。① 比如，有的司法解释规定，人身损害赔偿案件中，对城镇居民和农村居民分别以不同标准计算残疾赔偿金和死亡赔偿金。2020年有公民对此提出审查建议，认为与宪法有关精神不一致。全国人大常委会法工委经研究建议制定机关适时修改完善有关司法解释。有关司法解释经修改后自2022年5月1日起实施，残疾赔偿金、死亡赔偿金以及被扶养人生活费统一采用城镇居民标准计算。有的地方性法规规定，有关行政部门为调查计划生育违法事实，可以要求当事人进行亲子鉴定；对拒不配合的，处以1万元以上5万元以下罚款。2021年，有公民对上述规定提出审查建议。全国人大常委会法工委经审查认为，亲子关系属于公民基本权益，受宪法法

---

① 沈春耀：《全国人民代表大会常务委员会法制工作委员会关于十三届全国人大以来暨2022年备案审查工作情况的报告——2022年12月28日在第十三届全国人民代表大会常务委员会第三十八次会议上》，http：//www.npc.gov.cn/npc/c30834/202301/071b016931d6480abfef076f95b8b208.shtml。

律保护，地方性法规不宜规定强制性亲子鉴定的内容，也不应对此设定相应的行政处罚、处分、处理措施。经沟通，制定机关已对相关规定作出修改。① 这都是公民通过参与人大监督工作推动有关事项解决的生动案例。

4. 向政府及其有关部门提出书面审查建议

公民如果发现部门规章和地方政府规章等存在问题，可以根据有关法律法规规定，向国务院提出书面审查建议。如果发现部门规章、地方政府规章和其他有关规范性文件存在问题，可以向地方人民政府提出书面审查建议。各级人民政府领导行政领域的备案审查工作、具体负责备案审查的部门一般是司法行政机关，即司法厅、司法局等。比如，国务院司法部机构职能、主要职责中就有负责地方性法规、规章的备案审查工作，组织开展规章清理工作。地方司法行政机构大多负有类似的职能。当前，多数省级政府都制定了关于规范性文件备案审查工作的有关办法或者条例，为公民提出书面审查建议提供了重要的遵循。公民可以通过直接联系这些备

---

① 沈春耀：《全国人民代表大会常务委员会法制工作委员会关于十三届全国人大以来暨2022年备案审查工作情况的报告——2022年12月28日在第十三届全国人民代表大会常务委员会第三十八次会议上》，http://www.npc.gov.cn/npc/c30834/202301/071b016931d6480abfef076f95b8b208.shtml。

案审查部门，或者通过其网上平台，了解情况，提交书面审查建议。比如，山东省司法厅开通了山东省规章规范性文件电子监督平台，公民可以从中了解查询规范性文件有关情况。

如何对人大讨论决定重大事项提出意见建议？

重大事项决定权是各级人大及其常委会依法讨论决定全国或者本行政区域内的重大事项的权力。这是宪法法律赋予全国人大和地方各级人大的一项重要权力，这项权力的行使和国计民生、经济社会发展、国家长久治安有着密切关系。重大事项决定权和立法权、监督权、任免权共同构成俗称的人大"四权"。

1. 人大讨论决定重大事项的基本权限

为了更好地参与人大讨论决定重大事项，公民有必要先了解各级人大及其常委会重大事项决定权的基本程序和范围。人大行使重大事项决定权的基本程序是比较简单的，一般先由人大有关专门委员会或者工作委员会提出有关决定的草案，经过全国人大常委会委员长会议或者地方人大主任会议审议后，提请代表大会或者常委会，通过会议的方式作出集体决定，这和人大及其常委会表决通过法律案（法规案）有一定的相似性。各级人大及其常委会重大事项决定权的范围有所不同。

一是关于全国人大。根据宪法规定，全国人大审查和批准国民经济和社会发展计划和计划执行情况的报告；审查和批准国家的预算和预算执行情况的报告；批准省、自治区和直辖市的建置；决定特别行政区的设立及其制度；决定战争和和平的问题；等等。这些可以视为全国人大的重大事项决定权范围。

二是关于全国人大常委会。根据宪法的规定，全国人大常委会决定同外国缔结的条约和重要协定的批准和废除；规定军人和外交人员的衔级制度和其他专门衔级制度；规定和决定授予国家的勋章和荣誉称号；决定特赦；在全国人大闭会期间，如果遇到国家遭受武装侵犯或者必须履行国际间共同防止侵略的条约的情况，决定战争状态的宣布；决定全国总动员或者局部动员；决定全国或者个别省、自治区、直辖市进入紧急状态；等等。这些可以视为全国人大常委会的重大事项决定权范围。

三是关于地方人大及其常委会。地方人大及其常委会的重大事项决定权范围也是很广泛的，包括：保证宪法和法律法规、上级人大及其常委会和本级人大决定决议贯彻执行的重大措施；本行政区域内的关系改革发展稳定和群众切身利益、社会普遍关注的重大措施和重大改革方案；城镇建设、重大民生工程、重大建设项目等重大事项；加强民主法治建设的重大措施；县级人大常委会在对"一府一委两院"实施监督中需要依法决定的其他重大事项。地方组织法作出了具体规定。

县级以上地方各级人大重大事项决定权范围包括：审查和批准本行政区域内的国民经济和社会发展规划纲要、计划和预算及其执行情况的报告，审查监督政府债务，监督本级人民政府对国有资产的管理；讨论、决定本行政区域内的政治、经济、教育、科学、文化、卫生、生态环境保护、自然资源、城乡建设、民政、社会保障、民族等工作的重大事项和项目；等等。

县级以上地方各级人大常委会重大事项决定权范围包括：讨论、决定本行政区域内的政治、经济、教育、科学、文化、卫生、生态环境保护、自然资源、城乡建设、民政、社会保障、民族等工作的重大事项和项目；根据本级人民政府的建议，审查和批准本行政区域内的国民经济和社会发展规划纲要、计划和本级预算的调整方案；监督本行政区域内的国民经济和社会发展规划纲要、计划和预算的执行，审查和批准本级决算，监督审计查出问题整改情况，审查监督政府债务；等等。

2. 公民依法参与人大讨论决定重大事项

一是参与全国人大及其常委会的有关工作。一般地，在全国人大层面，公民旁听或者列席会议的情况是比较少的，因此公民若是想直接到现场参与全国人大及

人民有序政治参与怎么做

其常委会讨论决定重大事项是比较难的，但公民依旧可以依法有序参与全国人大及其常委会讨论决定重大事项工作。

首先，公民可以联系自己所在选区的全国人大代表或者通过可以接触到的其他全国人大代表或是常委会组成人员，提出意见建议。全国人大代表可以向联系他的全国人大常委会组成人员或者全国人大常委会代表联络工作机构转达公民的意见建议。全国人大代表在召开代表大会时可以直接提出有关意见建议。如果全国人大代表列席常委会会议，还可以直接反映公民的意见建议。其次，公民可以选择全国人大常委会设在地方的基层联系点提交自己的意见建议，请工作人员代为转达。再次，公民可以在中国人大网、国家法律法规数据库等人大信息化工作平台的互动专栏发表意见建议。最后，还可以通过网络、自媒体或者接受传统媒体采访等方式就人大讨论决定的重大事项表达意见建议。

二是参与地方人大及其常委会的有关工作。地方人大及其常委会离公民更近，是公民参与讨论决定重大事项的重要渠道。党中央高度重视人大讨论决定重大事项问题，出台了专门的规范性文件，对于各级人大及其常委会行使职权、开展工作提出了指导性意见。这为公民有序参与人大决定重要事项提供了重要机会。当前，地方各级人大及其常委会都高度重视吸纳人大代表、公民参与讨论决定重大事项，并形成了具体有效的制度机制。比如，很多地方制定了人大及其常委会会议旁听办法，公民可以依法依规申请、有序参与。如果遇到了重大事项决定的讨论，公民也可以在经过允许的前提下有序参与。

当前，全国各地人大普遍开展了丰富的民生实事项目人大代表票决制实践，制定了民生实事项目人大代表票决制规定。民生实事项目人大代表票决制的主体虽然是人大代表，但是公民在民生实事项目提出、票决、实施等环节可以参与。人大代表是人民群众的代表，民生实事项目人大代表票决制是全过程人民民主的重要实践形式，是人民群众参与人大讨论决定重要事项的常见途径。对群众来说，票决制让最终受益者有了话语权，变事后监督为全程跟踪，从立项开始便能参与其中，生动践行了全过程人民民主。对人大来说，票决制让基层人大行权履职有了具体抓手，有效激发了基层代表的履职热情和内生动力。对政府部门来说，票决制有效拉近了政府部门和群众的距离，避免了政府工程不接地气。

浙江人大在民生实事项目人大代表票决制的实践探索和制度建设上走在全国前列。2022年9月，在总结全省各地实践经验的基础上，浙江人大常委会制定了《浙江省民生实事项目人大代表票决制规定》，在全省范围内建立了民生实事项目人大代表票决制，对本省行政区域内设区的市、县（市、区）、乡镇民生实事项目的征集和提出、审议和票决、实施和监督及相关活动进行了统一的规范。该文件第九条规定："设区的市、县（市、区）、乡镇人民政府一般应当在每年第三季度启动下一年度民生实事候选项目征集工作，征求政府有关部门和机构、街道、其他国家机关、群团组织、基层群众性自治组织、人大代表等方面的意见和建议；根据本地实际情况，通过报纸、电视、广播、互联网、公告栏等发布民生实事项目征集公告，广泛征集人民群众意见。公开征集的时间不少于一个月。"第十条规定："设区的市、县（市、区）人民代表大会常务委员会有关工作机构和乡镇人民代表大会主席团应当主动参与民生实事候选项目征集工作，通过组织本级人大代表开展专题调研、召开座谈会、进代表联络站等方式，广泛收集人民群众普遍关注的民生问题，结合梳理研究人大代表意见和建议，向本级人民政府提出民生实事建议项目。"并明确提出："监督工作应当充分听取和反映人民群众意见。"这些规定都为群众参与民生实事项目票决制及其实施提供了机会和渠道。2022年11月，浙江省民生实事数字化应用正式上线，不到一周时间，就有近300万人参与投票。2023年2月，浙江省人大常委会、省政府联合督导建设的"浙江省民生实事项目票决系统（大会版）"首次在浙江省海宁市试点成功，完成2023年海宁市民生实事项目的票决全过程，这标志着民生实事项目票决制迭代升级为数字赋能现场版。

经过全省各地的实践，浙江基本形成了"党委决策、人大决定、政府执行、代表参与、群众助推"的民生实事项目票决制实施模式。政府在广泛听取、充分吸收人民群众意见的基础上提出候选项目，经同级人大代表在人民代表大会上投票决定，由同级政府组织实施，并接受人大代表和人民群众监督和评价。

实际上，很多地方都实行了民生实事项目人大代表票决制，并且在此过程中高度重视对于民意的吸纳，形成了制度化安排。公民可以积极关注这项重要的地方创新实践，积极参与其中。

如何参与人大监督工作？

1. 人大监督的含义和目的

人大监督工作指的是人大监督宪法法律的实施，监督国家行政、监察、审判、检察机关的工作。这是宪法和法律赋予全国人大和地方各级人大的一项重要职权，是人大一项非常重要的工作。人大监督的目的在于确保宪法和法律得到正确实施，维护社会主义法治的统一、尊严和权威；确保行政权、监察权、审判权、检察权得到正确行使，推进"一府一委两院"依法行政、依法监察、公正司法，不断改进工作；确保公民、法人和其他组织的合法权益得到切实尊重和维护，实现好、维护好、发展好人民群众的根本利益和切身利益。

"知屋漏者在宇下，知政失者在草野。"各级人大及其常委会在行使监督权的过程中，有序吸纳人民群众参与，既是人民代表大会制度设计的初衷，也是践行全过程人民民主重大理念、保障人民当家作主的必然要求。为了更好地参与人大监督工作，有必要先了解人大监督工作有哪些具体内容。

各级人大及其常委会行使监督权的范围包括：听取和审议人民政府、人民法院和人民检察院的工作报告和专项工作报告，听取和审议监察委员会的专项工作报告，审查和批准预算、决算，听取和审议国民经济和社会发展计划、预算的执行情况报告，听取和审议审计工作报告，开展宪法法律法规实施情况的检查，规范性文件的备案审查，询问和质询，特定问题调查，撤职案的审议和决定，等等。在人大进行上述监督工作时，人民群众可以依法有序参与。

党和国家高度重视人民群众对于包括监督工作在内的人大工作的参与。习近平总书记指出："人民代表大会制度之所以具有强大生命力和显著优越性，关键在于深深植根于人民之中。一切国家机关和国家工作人员必须牢固树立人民公仆意识，把人民放在心中最高位置，保持同人民的密切联系，倾听人民意见和建议，接受人民监督，努力为人民服务。"[①] 全国人大组织法第四条规定，全国人大由民主选举产生，对人民负责，受人民监督。全国人大及其常委会坚持全过程民主，始终同人民保持密切联系，倾听人民的意见和建议，体现人民意

[①] 习近平：《在中央人大工作会议上的讲话》（2021年10月13日），《求是》2022年第5期。

志，保障人民权益。地方组织法第四条规定，地方各级人大、县级以上的地方各级人大常委会和地方各级人民政府坚持以人民为中心，坚持和发展全过程人民民主，始终同人民保持密切联系，倾听人民的意见和建议，为人民服务，对人民负责，受人民监督。落实党中央要求和宪法法律规定，各级人大为人民群众参与人大监督工作建立了比较成熟的制度机制。

2. 参与听取和审议"一府一委两院"有关工作报告

每年"两会"期间，"一府两院"都会向人大报告工作。在审议"一府两院"工作报告之前和审议之中，各级人大、政府及其有关部门、人大代表都十分注重通过各种方式收集反映人民群众的相关呼声、意见建议，将这些意见建议反映到代表大会上去。

一些地方人大允许公民旁听会议。比如安徽、四川等地人大制定了关于公民旁听人民代表大会和常委会会议的办法。安徽省人大规定："年满十八周岁具有完全民事行为能力的中国公民，依照本办法可以自愿申请旁听省人大及其常委会会议。依法被限制人身自由和剥夺政治权利的人除外。""公民申请旁听省人大及其常委会会议，应当持本人身份证和单位或者村（居）民委员会介绍信于会议召开 3 日前，到省人大常委会办公厅办理登记，路途较远或者交通不便的可以在会议召开 5 日前，以信函或者传真形式提交申请和身份证、介绍信复印件，经同意后，在会议召开前，持申请材料到省人大常委会办公厅办理登记，领取旁听证。""省人民代表大会会议每次可以允许 20 名以下公民旁听；常务委员会会议每次可以允许 8 名以下公民旁听。"福建省厦门市、湖南省湘乡市等一些地方人大也制定了类似办法。公民可从国家法律法规数据库、当地人大门户网站或者微信公众号等渠道了解情况，依法参与。

即使没有开放会议旁听，"一府一委两院"的工作报告一般都是公开的，公民也可以就工作报告的有关内容发表看法、意见和建议，还可以通过网络留言或者联系人大代表、人大机关或者其他机关等方式反馈有关意见建议，或者在有关部门就工作报告起草或者有关工作开展征求意见时反馈意见。

除了人民代表大会，各级人大常委会都会举行例行会议，一般是每两个月一次。会上可能会审议"一府一委两院"有关专项工作报告等。目前，这种会议邀请代表列席已经成为惯例，很多地方人大开放公民参与旁听。比如，北京、山东、黑龙江、内蒙古、湖南等地的人大常委会制定了人大常委会会议公民旁听办法，或者在有关地方性法规中规定公民可以依法申请旁听常委会会议。公民可以先了解有关规定，然后依法参与。

3. 参与审查和批准预算、决算，听取和审议国民经济和社会发展计划、预算的执行情况报告，听取和审议审计工作报告等有关监督工作

预算、决算关乎国家的"钱袋子"，国民经济和社会发展计划关乎国家发展大计，审计工作报告是对国家有关部门工作的监督，这些都关乎人民群众的切身利益，关乎国家发展，受到人民群众的普遍关注关心。人民群众可以就这些事项依法通过网络、电话、微信、参加座谈会、进代表家站和预算审查基层联系点等渠道发表建议和看法，提出批判性意见，还可以向代表个人、人大机关、相关部门等反馈意见，促进改进工作，提高工作质量，捍卫国家和人民利益。在审议决算执行情况的报告时，如果认为存在问题，可以向人大、监委、财政、审计等机关提出监督意见。

2017年，全国人大常委会贯彻党中央决策部署，制定《关于建立预算审查前听取人大代表和社会各界意见建议的机制的意见》，明确规定在全国人民代表大会召开会议前，认真听取全国人大代表和社会各界对预算编制和预算审查工作的意见建议。河北、四川等不少地方人大常委会也制定了关于建立预算审查前听取人大代表和社会各界意见建议的机制的意见。这些举措为公民参与人大预算监督提供了制度化的渠道。公民可以从网络等渠道了解有关制度规定，依法参与。全国人大常委会还建立了预算审查联系代表机制，全国人大常委会预算工委设立基层联系点，非常注重在预算编制、预算执行和人大预算审查监督工作中听取人大代表和人民群众的意见建议。当前，全国人大和不少地方人大建立预算审查联系代表机制，公民可以就近联系相关代表，就预算决算有关工作提出意见建议。

4. 参与各级人大开展的法律法规实施情况的检查和各类调查研究

当前，各级人大常委会每年都会制度化地就一些法律法规和决定的执行情况开展执法检查。全国人大常委会每年开展6次左右的执法检查，地方人大每年开展若干次执法检查。在执法检查中，执法检查组一般都会深入地方、基层、企业、田间地头，深入人民群众生活的地方，听取广大人民群众的意见建议，获取第一手资料。

十三届、十四届全国人大常委会在执法检查过程中，多次召开五级人大代表座谈会和基层群众座谈会，将实地检查与随机抽查、问卷调查、网络调研等多种形式有机结合，引入"外脑"对法律实施情况开展第三方评估。全国人大常委会委员长会议组成人员更是率先垂范，多次带队深入基层一线调查研究，轻车简从、不预设路线，专门到村民家中和企业车间等了解实际情况，广泛倾听民意、集中民智、问计于民，推进监督工作更好地满足人民群众的需求和期盼。这时，人民群众可以就自己关心的问题发表意见、参与监督，或者联系参与执法检查的代表反映意见建议。

5. 参与各级人大开展的专题询问、质询等

专题询问、质询是人大监督的重要形式，在人大监督工作中占据重要地位。特别是专题询问，在这些年的工作中越来越广泛地被使用。专题询问是指人大常委会依照宪法和法律规定，围绕关系改革发展稳定大局和人民切身利益、社会普遍关注的重大问题，召开联组会议、分组会议，进行专题询问。根据专题询问的议题，政府及其有关部门和监察委员会、人民法院、人民检察院的负责人应当到会，听取意见，回答询问。专题询问中提出的意见交由有关机关研究处理，有关机关应当及时向人大常委会提交研究处理情况报告。必要时，可以由人大常委会委员长会议或者主任会议将研究处理情况报告提请人大常委会审议，由常委会作出决议。

目前，多数专题询问是对社会公开的，有的采取了

电视网络直播的方式，有的采取了网络图片直播或者新闻报道的方式，公民可以及时了解有关专题询问情况。2016年5月，山西省人大常委会通过的《山西省各级人大常委会专题询问办法》规定，专题询问的议题可以从公开征集意见中社会公众反映的热点难点问题中提出；承办机构应当围绕专题询问议题组织调研，可以邀请专家学者参加，形成调研报告；专题询问会议可以邀请公民旁听；新闻媒体围绕专题询问的议题选定、调研视察、听取报告、现场询问、研究处理审议意见、督促整改等工作可以进行连续报道，对现场询问可以进行网络直播、电视直播或者录播。在这些意见征集、调研、会议召开等过程中，公民都可以依法积极参与。

我国法律规定，地方各级人大举行会议的时候，代表10人以上联名可以书面提出对本级人民政府和它所属各工作部门以及监察委员会、人民法院、人民检察院的质询案。湖南、云南、浙江、江苏等地人大曾开展过质询。代表在提出质询案时可能会征求原选区选民的意见建议，这时公民也可以积极参与，依法提出自己的意见建议。

如何监督人大代表执行职务？

1. 为什么要监督人大代表履职

全国人大和地方各级人大代表由人民选举产生，代表人民的利益和意志，依照宪法和法律赋予本级人民代表大会的各项职权，参加行使国家权力，接受人民群众的监督。从人民代表大会制度设计初衷来看，人民群众把本来属于自己的管理国家的权力委托给自己选出来的代表，由代表组成各级国家权力机关，代表人民行使国家权力，既然代表手中的权力来自人民，人民群众就有权监督自己选出的代表。监督的实质是一种控制，是人民群众对于委托出去的权力有控制运作的资格和能力。人民群众对代表进行监督的目的是保证代表忠实地代表人民的利益和意志，依法参加行使国家权力。这是保障国家权力最终掌握在人民手中的重要措施，也是我国人民代表大会制度的重要特点。从历史经验来看，不受制约的权力是危险的，公权力的行使必须接受监督，否则就容易出现不作为和腐败问题。人大代表依法执行代表职务，是一种公权力的行使，必须接受监督。

2. 原选区选民或者原选举单位监督人大代表

为了保障人民群众对代表执行职务的监督，我国宪法和全国人大组织法、地方组织法、代表法、选举法作出了相关规定。代表法明确规定代表受原选区选民或者原选举单位的监督。代表应当采取多种方式经常听取人民群众对代表履职的意见，回答原选区选民或者原选举单位对代表工作和代表活动的询问，接受监督。由选民直接选举的代表应当以多种方式向原选区选民报告履职情况。县级人大常委会和乡、民族乡、镇的人民代表大会主席团应当定期组织本级人民代表大会代表向原选区选民报告履职情况。选民或者选举单位有权依法罢免自己选出的代表。选举法、地方组织法也作出了相关规定。这就为人民群众监督代表提供了法律依据。

人民群众监督代表执行职务是一个笼统的提法。从法律规定来看，监督代表的具体主体分别是代表原选区选民或者原选举单位。直接选举产生的代表由原选区选民进行监督，间接选举产生的代表由原选举单位进行监督。这是代表接受人民群众监督的第一层含义。同时，人大代表特别是省级人大代表、全国人大代表还需要接受全省人民、全国人民的监督。这是代表接受人民群众监督的第二层含义。按照我国选举法有关规定，全国人大代表，省、自治区、直辖市、设区的市、自治州人大代表，由下一级人大选举。省级人大选出来的全国人大代表，应当代表全国人民的利益。全国人大代表在全国人民代表大会会议召开期间的投票、选举等执行职务活动，对全国范围内的事务都可能产生重要影响。因此，他们自然应当接受全国人民监督。

3. 监督人大代表执行职务的内容

要知道如何监督代表执行职务，需要知道代表执行职务的含义。代表法规定，代表依照本法的规定在本级人民代表大会会议期间的工作和在本级人民代表大会闭会期间的活动，都是执行代表职务。为了了解代表执行职务的具体内容，我们还需要进一步了解代表的权利和义务。代表法规定，代表享有下列权利：出席本级人民代表大会会议，参加审议各项议案、报告和其他议题，发表意见；依法联名提出议案、质询案、罢免案等；提出对各方面工作的建议、批评和意见；参加本级人民代表大会的各项选举；参加本级人民代表大会的各项表决；获得依法执行代表职务所需的信息和各项保障；法律规定的其他权利。代表应当履行下列义务：模范地遵守宪法和法律，保守国家秘密，在自己参加的生产、工作和社会活动中，协助宪法和法律的实施；按时出席本级人民代表大会会议，认真审议各项议案、报告和其他议题，发表意见，做好会议期间的各项工作；积极参加统一组织的视察、专题调研、执法检查等履职活动；加强履职学习和调查研究，不断提高执行代表职务的能力；与原选区选民或者原选举单位和人民群众保持密切联系，听取和反映他们的意见和要求，努力为人民服务；自觉遵守社会公德，廉洁自律，公道正派，勤勉尽责；法律规定的其他义务。

代表的权利和义务是代表执行职务的主要依据，也是人民群众监督代表执行职务的主要内容。人民群众主要是监督代表执行职务过程是否依法依规，是否恪尽职守，是否按时出席本级人大会议，认真审议各项议案、报告和其他议题，是否积极参加人大组织的调研视察、执法检查、学习培训等；是否做到了政治立场坚定、清正廉洁，是否存在违法违纪行为，是否做到了模范遵守宪法和法律，是否保守了国家秘密；是否做到了同原选区选民、原选举单位保持密切联系，是否认真听取和反映人民群众的意见建议，推动人民群众关心问题的解决；是否正确处理了从事个人职业活动与执行代表职务的关系，是否利用执行代表职务干涉具体司法案件或者招标投标等经济活动牟取个人利益，在执行代表职务时是否具有代表资格；等等。

代表法规定，代表有下列情形之一的，其代表资格终止：地方各级人民代表大会代表迁出或者调离本行政区域的；辞职被接受的；未经批准两次不出席本级人民代表大会会议的；被罢免的；丧失中华人民共和国国籍的；依照法律被剥夺政治权利的；丧失行为能力的。其中，未经批准两次不出席本级人民代表大会会议的、丧失中华人民共和国国籍的、依照法律被剥夺政治权利的、丧失行为能力的等情况，也可以成为人民群众监督代表的内容。前些年，一些代表因为已经移民国外而被终止代表资格，引起了较多的关注。如果人民群众发现代表存在此类问题，也可以依法进行监督，包括向其所在人大的代表资格审查委员会进行举报等。

4. 人民群众监督代表的主要途径和方式

一是在代表听取人民群众对其履职情况的意见时，在代表回答原选区选民或者原选举单位对代表工作和代表活动的询问、接受监督时，进行监督。

二是在与代表进行日常接触或者工作接触时进行监督，包括但不限于代表家站活动、代表调研视察活动。

三是在了解代表执行职务基本情况并发现问题后，通过举报、信访、投诉、调研、提意见建议等方式进行监督。现在互联网非常发达，人民群众可以通过网络了解代表执行职务情况，也可以通过网络进行监督。

监督人大代表执行职务，应当依法依规进行，秉持公道公正、实事求是、客观严肃的原则，不能无中生有、捕风捉影、诬告污蔑。

如何通过政协渠道表达意愿？

中国人民政治协商会议，简称人民政协或者政协，是中国人民爱国统一战线的组织，是中国共产党领导的多党合作和政治协商的重要机构，是我国政治生活中发扬社会主义民主的重要形式，是国家治理体系的重要组成部分，是具有中国特色的制度安排，在汇聚和表达民意方面有着重要使命。公民可以通过政协来表达意愿、反映利益诉求和参政议政。

我国成立了中国人民政治协商会议全国委员会和地方委员会，政协地方委员会设到了县一级。每一届政协的任期是5年。在中国共产党领导下，8个民主党派以及无党派人士，各界别人士，共青团、工会、妇联、青联、工商联、科协、台联、侨联等主要人民团体，56个民族、各宗教团体、港澳台同胞参加组成人民政协。人民政协具有广泛的代表性，也具备汇聚和表达民意的多元、丰富的渠道。

1. 政协的组织结构

公民了解政协的组织结构和履职方式有利于更好通

过政协表达意愿和利益诉求。以全国政协为例，全国政协设有常务委员会，作为常设机构。设有办公厅，在秘书长领导下进行工作。还设有提案委员会、经济委员会、农业和农村委员会、人口资源环境委员会、教科卫体委员会、社会和法制委员会、民族和宗教委员会、港澳台侨委员会、外事委员会、文化文史和学习委员会等10个专门委员会。专门委员会是常务委员会和主席会议领导下的工作机构，是人民政协履行职能的重要载体、联系委员的重要纽带、发挥人民政协专门协商机构作用的主要依托，在政协工作中具有基础性地位和作用。

全国政协委员分为文化艺术界、科学技术界、社会科学界、经济界、农业界、教育界、体育界、新闻出版界、医药卫生界、对外友好界、社会福利和社会保障界、环境资源界、少数民族界、宗教界、特邀香港人士、特邀澳门人士、特别邀请人士等34个界别。2023年3月，中共中央、国务院印发《党和国家机构改革方案》，提出优化全国政协界别设置。全国政协界别增设"环境资源界"。将"中国共产主义青年团"和"中华全国青年联合会"界别整合，设立"中国共产主义青年团和中华全国青年联合会"界别。优化"特别邀请人士"界别委员构成。政协地方委员会规模比全国政协要小，基本结构有相似性，一般能通过浏览其门户网站等方式进行了解。

2. 政协的履职方式

政协坚持中国共产党的领导,通过召开全体会议、常委会会议、主席会议、专门委员会会议、专题协商会议、协商座谈会议等方式履职,有提案、委员视察考察、专题调研、反映社情民意、大会发言、团结联谊、对外交往、文史资料、新闻宣传等经常性工作。

听取、汇聚和反映民意是政协工作的重要内容。中国人民政治协商会议全国委员会和地方委员会的主要职能是政治协商、民主监督、参政议政。习近平总书记强调:"人民政协要把不断满足人民对美好生活的需要、促进民生改善作为重要着力点,倾听群众呼声,反映群众愿望,抓住民生领域实际问题做好工作,协助党和政府增进人民福祉。"还要求:"人民政协要坚持改革创新,着力增强政治把握能力、调查研究能力、联系群众能力、合作共事能力。"① 党的二十大报告提出:"完善人民政协民主监督和委员联系界别群众制度机制。"②《中国人民政治协商会议章程》第七条规定:"中国人民

---

① 习近平:《在中央政协工作会议暨庆祝中国人民政治协商会议成立70周年大会上的讲话》(2019年9月20日),《求是》2022年第6期。

② 习近平:《高举中国特色社会主义伟大旗帜 为全面建设社会主义现代化国家而团结奋斗——在中国共产党第二十次全国代表大会上的报告》(2022年10月16日),人民出版社2022年版。

政治协商会议全国委员会和地方委员会密切联系各方面人士，反映他们及其所联系的群众的意见和要求，对国家机关和国家工作人员的工作提出建议和批评"。第十一条规定："中国人民政治协商会议全国委员会和地方委员会组织委员视察、考察和调查，了解情况，就各项事业和群众生活的重要问题进行研究，通过建议案、提案、社情民意信息和其他形式向国家机关和其他有关组织提出建议和批评。"[1] 这为人民政协进一步做好联系人民群众、反映人民群众意见的工作提供了重要遵循。

3. 如何通过政协进行有序政治参与

公民可以选择适当的渠道和方式通过政协表达意愿、参政议政，主要有以下途径。

一是可以就近联系当地的政协机关表达意愿和利益诉求。可以先通过当地政协的门户网站、政协机关了解有关其工作信息，及时将自己的意见建议提供给政协办公厅或者有关专门委员会。当前，一些地方政协还开放了会议旁听并形成了机制性安排，公民可以及时关注有关公告信息，参与旁听，提交自己的意见建议。比如，2009 年 1 月，湖南省政协十届二次会议邀请了 20 名来

---

[1] 《中国共产党政治协商工作条例》（2022 年 5 月 27 日中共中央政治局会议审议批准，2022 年 6 月 13 日中共中央发布）。

人民有序政治参与怎么做

自社会各界的旁听代表。代表旁听大会开、闭幕式及大会发言，并就自己关心的话题撰写建议送交大会秘书处，以大会简报或其他书面形式反映。20名旁听代表中，10人是普通群众代表。2022年1月，山东省政协十二届五次会议开幕会，26名群众代表以远程视频连线形式旁听。其中，济南市章丘区黄河街道的王和新是第十次列席旁听省政协会议。这一年他提了5个建议。《政协北京市委员会常务委员会工作规则》（2019年政协北京市第十三届委员会常务委员会第九次会议通过）规定可以邀请市民旁听。2022年8月，北京市政协常委会举行会议，市政协委员就"加强减污降碳协同，全面推动经济社会发展绿色低碳转型"建言，首次邀请3名专业领域的市民代表参加了旁听。湖南省政协2009年就曾开放市民旁听。此外，湖北省孝感市、四川省资阳市和宜宾市、山东省临沂市、浙江省绍兴市、广东省中山市、安徽省合肥市等地政协都曾开放市民旁听。陕西省延安市政协常委会2006年制定了《关于市民旁听政协常委会会议的规定》，规定："市民旁听市政协常委会会议，通过个人申请和有关单位推荐等方式，经市政协秘书长批准后发给旁听证。（一）市民个人申请旁听市政协常委会会议，应持本人身份证或单位介绍信，于市政协常委会会议召开一日前，到市政协办公室政秘科报名。(二)市级各民主党派、工商联、社会团体、企事业单位及其他社会组织,可根据市政协办公室的通知,推荐旁听人员。"各地政协开放公民旁听会议的做法越来越普遍、制度越来越规范。

二是通过联系政协委员表达意愿和利益诉求。政协委员都是分界别的,联系界别群众是其重要职责。委员联系界别群众制度机制是人民政协的一项重要制度,近年来取得了重要进展。据统计,有三分之一的省级政协制定了联系服务界别群众或联系群众工作的专项制度文件,明确相关要求。公民可以根据自己所从事工作的行业性质联系相关界别的政协委员表达意愿。

三是通过参加政协有关机构、政协委员主办的调研、座谈会等表达意愿和利益诉求。当前,全国政协和一些地方政协运用委员定期走访、结对联系、召开座谈会、调查研究、委员接待日、委员读书活动和委员民情互动等经常性工作机制了解界别群众思想状态,反映群众诉求,排忧解难。一些地方还设立了大量的政协委员办公室、委员联络站,一些政协委员可能依托这些基层平台,下沉到一线,走进乡村、走进社区,直接与群众面对面。比如,湖南省益阳市建成西流湾社区政协委员工作室等36个委员工作室。在西流湾社区政协委员工作室,18名政协工作人员轮流负责,接待、走访、调研、协商，委员工作室成为政协委员开展常态化履职的平台。一些民主党派的支部本身就在社区之中，政协委员办公室和支部是融合的，联系界别群众很方便。公民可以及时多关注此类信息，了解身边的基层协商平台，积极参与有关活动。

如何通过群团组织、人民团体表达诉求？

我国是人民当家作主的社会主义国家。为了保证党更好地联系各界群众，更好保障人民群众的权利，设立了文联、作协、妇联、共青团、工会、残联、科协、法学会、新闻工作者协会、台联、侨联、中华职业教育社等各种群团组织、人民团体。这些组织是国家治理体系的组成部分，是党联系相关界别群众的组织，是保护群众合法权益的人民团体、群团组织。它们往往不仅有全国性的组织，还有大量的地方性组织，形成了一个个全国性网络，为人民群众表达诉求、保护自身利益提供了重要的渠道和平台。

党的十八大以来，以习近平同志为核心的党中央对群团工作十分重视，作出一系列重要部署。2017年，习近平总书记对群团改革工作作出重要指示，强调党的群团工作是党的一项十分重要的工作，群团改革是全面深化改革的重要任务。要认真总结经验，继续统一思想、抓好落实，切实把党中央对群团工作和群团改革的各项要求落到实处。要推动各群团组织结合自身实际，紧紧围绕增强"政治性、先进性、群众性"，直面突出问题，采取有力措施，敢于攻坚克难，注重夯实群团工作基层基础。① 在新时代，群团组织联系人民群众的工作取得新进展新成效。

1. 中国文学艺术界联合会

中国文学艺术界联合会，简称文联，是中国共产党领导的由全国性的文艺家协会，省、自治区、直辖市文学艺术界联合会和全国性的产（行）业文学艺术联合会组成的人民团体，是党和政府联系文艺界的桥梁和纽带，是繁荣发展社会主义文艺事业、建设社会主义文化强国的重要力量。中国文联共有团体会员 55 个，其中包括 14 个全国文艺家协会，31 个省、自治区、直辖市文联和新疆生产建设兵团文联，以及 9 个产业行业文联。除了全国、省级文联，市、县两级也设有文联。这就为文艺界人士和群众表达意见建议和利益诉求提供了重要的制度性平台。具备一定条件的文艺界人士，可以申请加入文联之下的各种协会。

2. 中国作家协会

中国作家协会，简称作协，是中国共产党领导的、全国各民族作家自愿结合的专业性人民团体，是党和政

---

① 习近平：《论党的青年工作》，中央文献出版社 2022 年版，第 145 页。

府联系广大作家、文学工作者的桥梁和纽带,是繁荣文学事业、加强社会主义精神文明建设的重要社会力量。全国作家协会有 45 个团体会员。除了全国性的作家协会,还有省级、市级、县级作家协会,构成了一个全国性的作家协会网络,为从事文学创作的人士加强交流、表达意见建议提供了重要平台。

3. 中国共产主义青年团

中国共产主义青年团,简称共青团,是中国共产党领导的先进青年的群团组织,是广大青年在实践中学习中国特色社会主义和共产主义的学校,是中国共产党的助手和后备军。团的中央委员会受党的中央委员会领导,在团的全国代表大会闭会期间领导团的全部工作。共青团中央直属机关是团的中央委员会的执行机构,同时,承担中华全国青年联合会、中华全国学生联合会、中国少年先锋队全国工作委员会秘书机构职能。除了有共青团中央,各省级、市级、县级都有共青团组织,乡镇也有共青团工作人员,形成了一个全国性网络。共青团是青少年的组织,吸纳青少年成员,为青少年表达利益诉求提供了组织化平台。

为了保护未成年人、青少年的权益,我国制定了未成年人保护法,从家庭保护、学校保护、社会保护、网络保护、政府保护、司法保护、法律责任等方面作出了详细规范。公民在寻求保护未成年人利益时，可以先重点了解这部法律，以增强通过共青团组织表达利益诉求的针对性和实效性。

4. 中华全国妇女联合会

中华全国妇女联合会，简称妇联，是全国各族各界妇女为争取进一步解放与发展而联合起来的群团组织，是中国共产党领导下的人民团体，是党和政府联系妇女群众的桥梁和纽带，是国家政权的重要社会支柱。妇联组织以联系和服务妇女为根本任务，以代表和维护妇女权益、促进男女平等和妇女全面发展为基本职能。

除了全国妇联，还有省级、市级、县级、乡镇妇联，以及农村妇女代表会，构成一个保护妇女权利的群团组织网络。如果有女性公民遭遇家庭暴力、性骚扰、就业歧视等各种侵权行为，除了向公安、民政部门报案，还可以联系当地的妇联反映情况、争取支持。这些年来，关系到妇女权益的社会高度关注的案例，比如丰县生育八孩女子事件等，都有妇联的发声。

为了保障妇女权益，1992年七届全国人大五次会议通过了《中华人民共和国妇女权益保障法》，此后2005年、2018年两次修正，最近一次修订是2022年。这次修订对妇女权益保障领域存在的一些尚未得到根本解决的老问题和随着经济社会发展出现的新情况新问题等，作出有针对性的规定，作了相应的规范完善。该法规定妇联在保护女性权益方面的职能和职责，明确"有关机关制定或者修改涉及妇女权益的法律、法规、规章和其他规范性文件，应当听取妇女联合会的意见，充分考虑妇女的特殊权益，必要时开展男女平等评估""妇女的合法权益受到侵害的，可以向妇女联合会等妇女组织求助。妇女联合会等妇女组织应当维护被侵害妇女的合法权益，有权要求并协助有关部门或者单位查处。有关部门或者单位应当依法查处，并予以答复；不予处理或者处理不当的，县级以上人民政府负责妇女儿童工作的机构、妇女联合会可以向其提出督促处理意见，必要时可以提请同级人民政府开展督查。受害妇女进行诉讼需要帮助的，妇女联合会应当给予支持和帮助"。这就为公民寻求妇联帮助提供了法律依据。我国还制定了《中国妇女发展纲要（2021—2030年）》和《中国儿童发展纲要（2021—2030年）》。女性在表达利益诉求时，可以了解这些法律和政策文件。

5. 中国消费者协会

中国消费者协会，简称消协，于1984年12月经国务院批准成立，是对商品和服务进行社会监督的保护消费者合法权益的全国性社会组织。截至2019年底，全国各地消协组织共有2749个（不含中消协），其中，省级31个、地市级359个、区县级2359个，为消费者表达诉求、维护自身权益提供了重要的渠道和平台。

为了更好地保护消费者权益，我国制定了消费者权益保护法，对消费者的权利、经营者的义务、国家对消费者合法权益的保护、消费者组织、争议的解决、法律责任等作出了详细规范。该法还对消费者协会的职能进行了规范，规定消费者协会应当认真履行保护消费者合法权益的职责，听取消费者的意见和建议，接受社会监督。这些都和消费者的权益息息相关。

此外，还有欧美同学会、外交学会、红十字总会、国际贸易促进会等群团组织。除了这些规模比较大的群团组织，还有规模略小一些、更加灵活多元的各类社会组织，包括社会团体、民办非企业单位和基金会等。

6. 如何通过社会组织进行政治参与

公民通过上述群团组织、人民团体、社会组织表达利益诉求和意见建议，有两种重要方式。

一是根据自己所在的行业、职业、年龄、性别、政治身份、民族等，选择加入适当的群团组织、社会组织，然后通过组织制度化地表达利益诉求。

二是不申请加入，只根据自己所要表达的利益诉求，选择联系相关的群团组织、社会组织，通过它们来表达自己的利益诉求。目前，多数群团组织、社会组织有官网、组织机构、联络方式，联系起来是非常快捷的，公民可以首先通过网络或者电话方式进行联系。

下面，我们来看两个实例。

一是全国妇联积极参与反家庭暴力法起草和实施。反家庭暴力法是2015年12月27日十二届全国人大常委会第十八次会议通过的一部保护家庭成员基本权利、反对家庭暴力的重要法律。在这部法律的起草、审议、实施过程中，妇联特别是全国妇联发挥了重要作用。在起草过程中，法律起草部门专门征求了全国妇联的意见，全国妇联提出了一系列重要建议。在法律草案的审议过程中，时任全国妇联主席、全国人大常委会副委员长沈跃跃多次提出审议意见。在法律宣传实施过程中，妇联也积极贡献力量。2016年1月6日，全国妇联在京召开座谈会，就学习宣传贯彻实施该法进行交流，沈跃跃出席并作讲话。2017年9月5日至7日，沈跃跃带队在山东对反家庭暴力法实施情况进行专题调研。公民通过妇联表达意见建议，参与国家立法。

二是中国文联积极参与文化相关领域立法。著作权法启动修改后，中国文联密切关注相关立法动态，在立法的不同阶段，认真组织征集广大文艺工作者的意见和建议，并及时向全国人大常委会办公厅提出。中国文联每年还通过文艺界代表、委员向全国"两会"提交加强文艺权益保护的议案、提案，使国家在研究和制定有关政策和法律时能充分倾听文艺界呼声，为维护文艺工作者合法权益建言献策。在2012年至2022年的十年间，在文化产业促进法、电影产业促进法、非物质文化遗产法、公共文化服务保障法、国歌法、国旗法、文物保护法等法律的制定、修改过程中，中国文联都及时征求意见建议，发出文艺界的立法声音，发挥了群团组织在法治社会建设中的积极作用。中国文联参与国家立法的过程，实际上也是文艺界人士通过文联系统表达意见建议和利益诉求的过程。

如何通过网络表达诉求？

当前世界是一个网络时代、信息化时代。网络深刻改变了人类的生活方式、行为方式和工作方式。公民既可以方便地利用网络购物、消费、娱乐、出行，还可以方便地利用网络表达意见和利益诉求、参政议政，联系国家机关，对政府和公职人员的行为进行监督。我国是网络大国，信息化与工业化交织融合、相互促进，在网络建设的一些领域甚至处于世界先进或者世界领先的地位。

1. 党中央重视网络信息工作和网络在有序政治参与中的作用

以习近平同志为核心的党中央高度重视公民通过网络方式进行有序政治参与。习近平总书记指出："要运用信息化手段推进政务公开、党务公开，提高透明度，及时回应群众关切、接受人民监督。要加快推进电子政务，构建全流程一体化在线服务平台，让百姓少跑腿、信息多跑路，更好解决企业和群众反映强烈的办事难、办事慢、办事繁的问题。"① 他还强调："互联网是做好新时代群众工作的重要阵地，也是重要手段。大量群众特别是青年喜欢通过网络获取信息、发表意见。领导干部要学网、懂网、用网，经常上网看看，了解群众所思所愿，收集好想法好建议，积极回应网民关切，做好解疑释惑工作。"② 在党中央领导下，2018 年 3 月，中央网络安全和信息化委员会办公室成立。2023 年 10 月，国家数据局成立。各级政府普遍成立了网络安全和信息化工作机构，负责对网络和信息化进行规范和管理、为公民通过网络表达诉求提供保障。

2. 加强门户网站等建设和利用

党和国家推进电子政务，为公民通过网络表达意见建议提供了重要渠道。目前，我国县级以上各级国家机关大多开通门户网站、官方微信公众号、官方微博等，相当多的国家机关、政府部门还推出了手机 App，发布工作消息，方便群众参与，并可以进行有效互动。在中央政府层面，有中国人大网、中国政府网、中央纪委国

---

① 习近平：《在全国网络安全和信息化工作会议上的讲话》，载《习近平关于网络强国论述摘编》，中央文献出版社 2021 年版，第 24 页。

② 习近平：《努力成长为对党和人民忠诚可靠、堪当时代重任的栋梁之才》，《求是》2023 年第 13 期。

家监委网站、最高人民法院网站、最高人民检察院网站等。在地方政府层面也有地方各国家机构的网站。

政府门户网站一般都开通了网友留言、征求意见、市民办事、网上信访等栏目。中国人大网开通了"法律草案征求意见""审查意见在线提交""网上信访"等栏目。中国政府网开通了"@国务院我来说""全国一体化在线政务服务平台（国家政务服务平台）"等栏目，构建一体化在线服务平台。在政府组成部门层面，包括国家发改委、财政部、教育部在内的绝大多数政府部门官网也开通了公民参与栏目，公民可以根据自己的需要进行参与。

一些国家机关的手机App有留言建议、便民服务等功能。公民拿着手机、平板电脑就可轻松地进行政治参与。以前相当多的信访需要到信访部门现场去，网上信访的推进使得公民不出门就可以通过网络表达利益诉求。特别是很多地方人大搞的数字人大建设，具有很强的普及性、针对性和互动性，方便人民群众找代表提建议、代表向国家机关反映问题，人民群众甚至可以直接通过数字人大系统反映意见建议，人大机关工作人员在后台可以实时查到这些意见建议，并及时进行处理。

2020年以来，受新冠肺炎疫情的影响，党和国家机关通过线上方式举行座谈会、听证会、网络意见征询等征求人民群众意见的情况时有出现，节约了成本、方便了群众，开创了一种公民政治参与的新方式。公民也可以自愿参与。

3. 公民依法在网络上进行参与

一是通过各级政府的电子政务平台进行参与，包括门户网站、专门的电子服务平台、官方客户端、官方微信公众号、官方微博账号等。前文已有论述，此处不再赘述。

二是通过社交媒体进行参与。公民可以在微博、微信、抖音、快手、小红书等一些比较有影响力的网络社交互动平台、自媒体平台上就热点问题、民生问题、社会话题等理性地表达自己的看法，依法参与有关讨论。

网络空间是虚拟的，但参与和使用网络空间的主体是现实的。我国当前有网络安全法、数据安全法等法律对公民网络行为、数据存储保管和使用等进行规范。公民在进行政治参与时应当依法进行，既维护自身利益，又维护网络空间秩序和社会公共利益。

如何依法有序进行信访？

信访是我国政治和社会生活中的热词，是党的群众路线的生动见证。信访制度是中国特色社会主义制度的组成部分。依法信访是人民群众维护自身合法权益的重要方式。

习近平总书记高度重视信访工作。他指出："群众诉求很多是通过信访这个渠道反映出来的。信访问题，有的是历史遗留的'老大难'问题，有的是正在发生的现实问题，大多非常棘手。不管怎么难，我们都要想方设法去化解，不能躲着、拖着。当干部就要为群众排忧解难，对上访群众有什么好怕的？我在正定工作时就常常把桌子往大街上一摆，坐在那里听取群众意见，解决了很多上访问题，也真实了解了民情民意。我在宁德工作时推动建立了地、县、乡三级领导干部下访制度，把领导下访日变成群众服务日。此后，我每到一个地方任职都坚持这样做。信访是送上门来的群众工作，既可以消气，也可以通气，关键是要通过信访渠道摸清群众愿望和诉求，找到工作差距和不足，举一反三，加以改进，更好为群众服务。"[1]

---

[1] 习近平：《努力成长为对党和人民忠诚可靠、堪当时代重任的栋梁之才》，《求是》2023年第13期。

1. 我国信访机构和信访工作基本情况

从党和国家的角度来说，信访工作是党的群众工作的重要组成部分，是党和政府了解民情、集中民智、凝聚民心的重要工作，是各级机关、单位及其领导干部、工作人员接受群众监督、改进工作作风的重要途径，接待和受理人民群众信访是党和国家的一项重要职能。

我国各级党和国家机关都有联系人民群众、接待人民群众来信来访的相关机构或者专门人员。我国的信访机构和信访工作体系是由专门的信访部门（信访局系统）、党和国家机关内设的信访工作部门共同构成的，是一个比较复杂的系统。信访机构和信访工作体系是国家治理体系的重要组成部分。

一是专门的信访部门。包括中央层面的专责机构和地方层面的专责机构。根据中共中央、国务院2023年3月印发的《党和国家机构改革方案》，组建中央社会工作部，承担统筹指导人民信访工作，指导人民建议征集工作，统筹推进党建引领基层治理和基层政权建设等重要职能，作为党中央职能部门。中央社会工作部统一领导国家信访局。国家信访局由国务院办公厅管理的国家局调整为国务院直属机构。这标志着信访工作的重要性被提到了新的高度，在党中央层面有了专门负责信访工作的职能部门。

国家信访局主要有以下职能：（1）负责处理国内群众、境外人士、法人及其他组织通过信访渠道给党中央、国务院及领导同志的来信来电，接待来访；（2）负责向党中央、国务院及中共中央办公厅、国务院办公厅反映来信来电来访中提出的重要建议、意见和问题，综合研判信访信息，开展调查研究，提出制定修改完善有关方针、政策和法律法规的建议；（3）承担督促检查领导同志有关批示件落实情况的责任，拟订信访督查制度并组织实施，承办中央领导同志交办信访事项的落实，向地方和部门转办、交办信访事项，督促检查重要信访事项的处理和落实；（4）综合协调处理跨地区、跨部门的重要信访问题。此外，还有其他职能。

在地方政府层面，省、市、县、乡镇等各级地方政府也有专门的信访部门，根据权限办理相应的信访事务。

根据《信访工作条例》的规定，各级党委和政府信访部门是开展信访工作的专门机构，履行下列职责：（1）受理、转送、交办信访事项；（2）协调解决重要信访问题；（3）督促检查重要信访事项的处理和落实；（4）综合反映信访信息，分析研判信访形势，为党委和政府提供决策参考；（5）指导本级其他机关、单位和下级的信访工作；（6）提出改进工作、完善政策和追究责任的建议；（7）承担本级党委和政府交办的其他事项。

二是党和国家机关内设的信访机构。除了上述专门信访部门，多数中央和国家机关都设有处理信访事务的内部机构。在党中央层面，重要的中央机关或职能部门大都设有信访机构。比如，中央办公厅、中央组织部、中央宣传部等有信访办公室或人民来访接待室。在国家机关层面，多数重要机关也设有信访机构。比如，全国人大常委会办公厅设有信访局，在职权范围内处理群众来信，接待群众来访。国务院办公厅设有信访局，负责按照中共中央办公厅、国务院办公厅确定的工作范围，处理群众来信，接待群众来访，向党中央、国务院领导同志提供群众来信来访中反映的重要信息。国家监察委员会、最高人民法院、最高人民检察院等国家机关也都设有专门的信访机构或者单位。在这些国家机关的门户网站上一般都能找到其内设信访机构的信息。地方党和国家机关往往也设有信访机构，负责其职权范围内的信访事务。比如，湖南省人大常委会设有信访办，福建省等人大则在办公厅设有信访局。

2. 人民群众依法信访的途径和注意事项

信访看起来是一件简单的事，有些人简单理解为直接拿着材料到党和国家有关部门去反映，其实不然。信访往往涉及党和政府部门的职权和履职、涉及上下级政府之间的关系、涉及不同主体的利益纠纷，本身往往就比较复杂。横向上，我国有"四套班子"，党和国家机构比较多，分工比较细；纵向上，我国存在五级政权机关，每一级政权机关都有不同的职权和职能。而且，我国正在推进全面依法治国，有着比较完备和系统复杂的法律体系。普通公民很容易在选择信访部门、如何反映信访问题上一头雾水。为了取得较好的信访结果，公民应当提前做好准备，依法信访、有序信访。

一是了解信访体制和相关法律规定。了解我国信访制度和所要信访事项涉及的有关法律规定是成功信访的前提。公民可以通过多种方式研读学习我国宪法、《信访工作条例》等宪法法律知识，可以浏览国家信访局或者地方信访部门的网站，还可以到自己所要信访事项涉及的党政机关网站了解有关信息。公民对自己所要信访的事情的相关法律知识了解得越多，信访成功的概率就越高。

二是选择适当层级、适当类型的信访部门。首先，信访要遵循的基本原则是不能随便越级信访。一般地，首先应当到本地所在的信访部门信访。比如，一个县里发生的事，应当先到县级党政机关或有关信访部门去反

人民有序政治参与怎么做

映情况，而不能随便越级到省级或者到中央部门去信访。如果县级党政机关有关部门解决不了，再依法到市级党政机关进行信访。其次，信访要遵循的另一个基本原则是尊重信访部门的管理权限，简言之就是要找对单位。国家信访局、地方政府信访部门是专门的信访部门，其职能比较综合，可以受理职权范围内的民生、社会、医疗、环保等各类信访问题。它们一般是公民就近进行信访的首选部门。

如果人民群众到一些党政机关或机构（如人大、组织部门、宣传部门、发展改革部门、商务部门、民政部门等）去信访，则应当尊重该单位的管理职权，所信访的事务应当在其权限之内。比如，如果到人大去信访，则应当了解人大有关职权。人大是国家权力机关，负有制定法律和地方性法规、作出相关决定决议、对政府有关行为进行监督等职权，人大一般不直接处理具体的行政管理事务。全国人大机关受理以下信访事项：一是对全国人大及其常委会制定的法律或者作出的决议、决定的建议、批评和意见。二是对全国人大及其常委会、全国人大各专门委员会的建议、批评和意见。三是对全国人大机关工作的建议、意见，对机关工作人员职务行为的申诉、控告和检举。四是依法属于全国人大机关职权范围内的其他事项。根据《全国人大机关信访工作办法》的规定，对于不属于全国人大机关受理范围的信访事项，由全国人大常委会办公厅信访局登记后转有关部门处理。

同样，到人民法院、人民检察院进行信访，也应当尊重其职权范围。不在其职权范围内的事务，他们一般不会直接受理，可能会转交到有具体权限的部门去处理。

三是依法依规进行信访、理性信访。信访是人民群众的权利，但是，在法治社会，所有权力的行使需要依法进行。非法信访、闹访不但不能带来正面效果，可能还会适得其反，甚至给当事人带来严重的消极影响。一个理性的公民不应当因为信访妨碍党和国家机关正常办公，也不能借信访行非法之举。信访是公民的一条权利救济的道路，但不是唯一的，行政复议、司法都是重要的权利救济渠道。

四是善用网络方式进行信访。当前，我国电子政务如火如荼地发展，许多事情都可以在网上办理，信访也一样。许多党政机关开通了网上信访、网上举报平台，并且有专人负责办理，十分快捷方便，效果也比较好。公民可以根据实际情况，通过网络方式反映自己的问题、表达利益诉求、维护自身权益、捍卫国家利益。

后记

我国是人民当家作主的社会主义国家，人民是国家、社会和自己命运的主人。人民民主是我们党始终高举的伟大旗帜。党的十八大以来，以习近平同志为核心的党中央深化对民主政治发展规律的认识，提出全过程人民民主的重大理念。党的二十大将全过程人民民主确定为中国式现代化本质要求的一项重要内容，强调全过程人民民主是社会主义民主政治的本质属性。我国全过程人民民主不仅有完整的制度程序，而且有完整的参与实践。"完整的参与实践"的重要体现，就是公民可以依法有序进行广泛的政治参与，包括提出意见建议，表达利益诉求，参与国家治理，对国家机关工作人员和人大代表进行监督，维护国家利益、社会利益和自身利益等。

我国是一个拥有 14 亿多人口的大国，有着庞大高效的国家治理体系和国家政权体系，有超过 300 部现行有效法律，中国特色社会主义法律体系比较健全并不断发展完善。我国政权分成中央、省级、市级、县级、乡镇5级，县级以上都有党委、人大、政府、政协"四套班子"，此外，还有军队系统、监察系统、人民法院系统、人民检察院系统。在政府内部又分成了若干组成部门、直属机构等，各部门分工和职能都不相同。因此，公民要精准、高效地进行政治参与，就需要了解能够参与什么、怎么参与、找什么单位或部门进行参与等。

应中国民主法制出版社和丛书主编李连宁同志邀约，万其刚、黄涛同志撰写了《人民有序政治参与怎么做》这本小册子。两位作者多年来一直在全国人大机关从事研究和文字工作，对人民代表大会制度及其运行、人民有序政治参与比较熟悉。万其刚撰写第1至第9个问题，黄涛撰写第10至第20个问题。丛书主编李连宁同志多次提出指导意见。

这本通俗读物，力求准确、简明扼要地介绍我们党关于人民有序政治参与的决策部署和习近平总书记有关指示要求、宪法法律有关规定及相关工作取得的历史性成就，旨在为公民有序政治参与提供参考。由于能力水平有限，书中一定还存在不足之处，敬请读者指正。